여호수아
사사기
룻기

JOSHUA—RUTH

말씀과 생활
강해 성경공부

원달준 지음

THE WORD & LIFE SERIES:
JOSHUA—RUTH

THE WORD & LIFE SERIES: JOSHUA—RUTH, An official resource for The United Methodist Church prepared by the General Board of Discipleship through Teaching and Study Resources and published by Cokesbury, 201 Eighth Avenue South, P. O. Box 801, Nashville, Tennessee 37202-0801. Printed in the United States of America. Copyright © 2014 by Cokesbury. All rights reserved.

To order copies of this publication, call toll free: 866-629-3101. You may FAX your order to 800-445-8189. Telecommunication Device for the Deaf/Telex Telephone 800-227-4091. Use your Cokesbury account, American Express, Visa, Discover, or MasterCard.

For permission to reproduce any material in this publication, call 615-749-6421, or write to Permissions Office, 201 Eighth Avenue South, P. O. Box 801, Nashville, Tennessee 37202-0801.

ISBN 9781426784941

Scripture quotations in this publication, unless otherwise indicated, are taken from THE HOLY BIBLE, Old and New Testaments, New Korean Revised Version © Korean Bible Society 1998 and 2000. Used by permission of Korean Bible Society.

Writer: Dal Joon Won

Neil M. Alexander, Publisher
Marjorie M. Pon, Editor of Church School Publications
Eunran Um, Production Editor

Cover design by Rick Schroeppel
Cover art: Copyright © 2012 Istockphoto

여호수아·사사기·룻기

목차

말씀과 생활 강해 성경공부 시리즈 … 5
여호수아, 사사기, 룻기 서론 … 7

• 여호수아

여호수아 1:1-9 서론 … 9
I부: 여호수아 1:1-5:15 가나안 땅에 들어가다
    1:10-18 가나안 땅에 들어갈 준비 … 11
    2:1-24 정탐꾼과 기생 라합 … 12
    3:1-17 이스라엘 백성이 요단 강을 건너가다 … 14
    4:1-24 열두 개의 돌 … 16
    5:1-15 할례와 유월절 축제 … 17
II부: 여호수아 6:1-12:24 가나안 땅을 정복하다
    6:1-27 여리고 성이 무너지다 … 19
    7:1-8:29 아이 성과 아간의 죄 … 21
    9:1-10:15 여호수아를 속인 기브온 주민들 … 25
    11:1-12:24 가나안 북방을 점령함 … 28
III부: 여호수아 13:1-22:34 가나안 땅을 분배함
    13:1-14:15 행정가로서의 여호수아 … 30
    15:1-63 유다 지파에게 땅을 분배하다 … 33
    16:1-17:18 요셉의 가족에게 땅을 분배하다 … 34
    18:1-19:51 북쪽 지파들에게 땅을 분배하다 … 35
    20:1-9 도피성 … 38
    21:1-45 레위 지파가 살아갈 성읍들 … 39
    22:1-34 동쪽 지파들을 돌려보내다 … 41
IV부: 여호수아 23:1-24:33 여호수아가 작별인사를 하다
    23:1-16 과거를 뒤돌아보다 … 42
    24:1-33 하나님과 맺은 언약을 지키다 … 43

• 사사기

I부: 사사기 1:1-3:6 역사적인 사건과 그것에 대한 설명
   1:1-36 정착 과정에서 오는 혼돈 … 45
   2:1-3:6 하나님과 바알, 누구를 섬길 것인가? … 48

II부: 사사기 3:7-16:31 열두 사사
   3:7-11 사사 옷니엘 … 51
   3:12-30 사사 에훗 … 52
   3:31 사사 삼갈 … 54
   4:1-5:31 사사 드보라 … 55
   6:1-9:57 사사 기드온과 아비멜렉 … 59
   10:1-5 사사 돌라와 야일 … 74
   10:6-12:7 사사 입다 … 74
   12:8-12 사사 입산과 엘론 … 80
   12:13-15 사사 압돈 … 80
   13:1-16:31 사사 삼손 … 81

III부: 사사기 17:1-21:25 영적 혼란
   17:1-13 미가 집의 제사장 … 94
   18:1-31 미가와 단 지파 … 96
   19:1-30 어떤 레위 사람과 그의 첩 … 100
   20:1-48 이스라엘이 전쟁 준비를 하다 … 103
   21:1-25 베냐민 자손의 아내 … 106

• 룻기

룻기 1:1-22 돌아오는 나오미 … 108
룻기 2:1-23 룻이 보아스를 만나다 … 111
룻기 3:1-18 룻이 보아스와 가까워지다 … 114
룻기 4:1-22 룻이 보아스와 결혼하다 … 117

저자 소개 … 120

말씀과 생활 강해 성경공부

　우리는 성경을 읽고 공부하면서 하나님의 뜻을 알 수 있고, 하나님을 만날 수 있고, 하나님의 음성을 들을 수 있고, 우리의 신앙생활을 위하여 안내를 받을 수 있다. 성경은 다양한 방법으로 공부할 수 있고 또한 지금까지 성경공부를 위한 수없이 많고 다양한 자료가 출판되었다. 모두가 신앙생활을 하는 데 도움이 되는 책들이다.

　그러한 의미에서 이 성경공부 교재에 대한 심각한 질문이 제기될 것이다. 지금까지 출판된 많은 성경공부 자료들과 무엇이 다르다는 말인가?

　이 **말씀과 생활** 강해 성경공부는 성경 말씀 속으로 좀 더 깊이 들어갈 수 있도록 안내해 주는 데 목적이 있을 뿐만 아니라, 주어진 말씀을 조용하게 묵상해 보고 우리의 생활 속에서 적용할 수 있도록 안내해 주는 데 그 목적이 있다. 이 성경공부 교재를 사용하는 사람은 다음과 같은 혜택을 기대할 수 있을 것이다.

- 개인의 묵상 시간을 위하여 사용할 수 있다.
- 성경 말씀 속에서 자신의 모습을 볼 수 있도록 한다.
- 성경 말씀에 대한 정보뿐만 아니라 성경이 인도하려는 데 초점을 맞춘다.
- 개인의 생각을 성경에서 입증하려고 하기보다는 오히려 성경 속에서 하나님의 음성을 듣는 데 초점을 맞춘다.
- 본문에 비추어 나의 삶이 어떻게 변화되어야 하는가를 자신에게 묻는다.
- 삶이 변화되기 위하여 내가 무엇을 하나님께 구하고 또 내 스스로가 무엇을 내려놓아야 하는가를 항상 묻고 답을 찾도록 한다.
- 어떻게 하면 주님께 헌신하는 삶을 살 수 있을까를 자신에게 묻고 답을 찾는다.

- 예수님을 믿는 것과 예수님의 삶을 사는 것의 간격을 줄이려면 어떻게 해야 하는가를 생각하며 산다.
- 믿음생활을 방해하는 것들을 어떻게 제거할 수 있는지 길을 찾는다.
- 그리스도께 헌신하는 삶을 살려면 무엇을 어떻게 해야 할까를 자신에게 묻고 답을 찾는다.
- 우리 교회는 무엇을 어떻게 해야 할까를 생각하고 기도한다.
- 성경 66권 전체를 책별로 다루기 때문에 주어진 한 책을 가지고 시간에 제한 없이 묵상하거나 공부할 수 있다.
- 성경 번역본은 개역개정 외 새번역, 공동번역, Common English Bible (CEB), New Revised Standard Version(NRSV)을 참조한다.
- 소그룹 셋팅에서 사용할 수 있다.

이 교재는 한 자리에서 한 장씩 공부하도록 고안된 것이 아니다. 성경책 순서대로 내용을 다루기 때문에 시간이 허용되는 대로 한 단락, 혹은 한 이야기, 혹은 한 장씩 공부하거나 공부하고 싶은 장으로 들어가 묵상하면 된다.

여호수아서 서론

여호수아서는 주전 1250년 때의 이야기이다. 하나님께서 믿음의 조상 아브라함에게 약속하여 주신 땅을 모세의 후계자 여호수아의 지도 아래 이스라엘 백성이 점령하고, 그 점령한 땅을 각 지파에 분배하여 주는 이야기이다.

그리고 여호수아는 하나님과 맺은 언약을 재확인하면서 그 언약을 지키겠다고 선서하는 이야기이다. 여호수아서는 땅 없이 오랫동안 살던 이스라엘 백성이 땅을 차지하게 되면서 새롭게 시작하는 새 삶에 관한 이야기이다.

여호수아서 저자: 알 수 없음. 학자들 중에는 신명기학파가 자료들을 편집하여 만든 문서라고 생각하는 사람들도 많이 있다.

여호수아서 저작 연대: 주전 640-609년

여호수아서를 쓴 목적

하나님은 그가 약속하신 것을 꼭 지키시는 분이시다. 하나님께서 아브라함에게 땅을 주시겠다고 약속하신 것이 여호수아 시대에 와서 달성되는 것을 강조하기 위하여 썼다.

사사기 서론

사사기는 여호수아가 죽은 이후부터 주전 1020년 왕정시대가 시작하기 전까지의 이야기이다. 모세가 죽을 때 여호수아를 이스라엘의 지도자로 임명하였다면, 여호수아가 죽은 후에는 특별한 지도자가 없이 이스라엘 백성이 가나안 땅에 정착하여 가는 과정을 기록한 책이 사사기이다.

사사기 당시 정치, 종교, 사회는 혼돈기였다. 이 때 사무엘을 포함하여 열세 사사가 자신들의 소견대로 군사, 법, 종교, 경계선 문제 등을 관리했다. 사사들은 옷니엘, 에훗, 삼갈, 드보라, 기드온, 돌라, 야일, 입다, 삼손이다.

사사기를 쓴 목적
- 순종에 따른 축복과 불순종에 따른 징벌을 보여주기 위하여 썼다.
- 왕정 정치의 정당성을 뒷받침하기 위하여 썼다.

사사기 저자: 알 수 없음. 학자들 중에는 신명기학파가 자료들을 편집하여 만든 문서로 보는 사람들도 많이 있다.
사사기 저작 연대: 주전 550년경

룻기 서론
사사기가 이스라엘 공동체의 불확실한 정체성과 불순종에 관한 것이라면, 룻기는 개인의 정체성과 순종에 관한 이야기이다. 룻기는 시어머니인 나오미와 며느리인 모압 여인 룻 사이의 희생적인 사랑에 관한 이야기이다.

룻기는 사사시대를 배경으로 하고 있지만 주전 450-250년 사이에 에스라를 중심으로 하여 이스라엘이 외국인과의 관계를 끊으려고 애쓰던 시기에 쓰여졌다.

룻기를 쓴 목적
하나님은 구원의 하나님, 사랑의 하나님, 보살펴 주시는 하나님이심을 알려 주기 위하여 썼다.

하나님은 이웃을 사랑하며 살기를 원하시는 하나님이심을 알려 주기 위하여 썼다.

모압 사람도 하나님의 자녀임을 알려 주기 위하여 썼다. 모압 여자로서 다윗의 계보를 형성하여 준 것을 강조하기 위하여 썼다.

룻기 저자: 사무엘이 썼다고 주장하는 사람들이 있으나 입증하기 힘들고, 저자가 누구인지 알 수 없다.
룻기 저작 연대: 주전 450-250년

여호수아서

여호수아 1:1-9
서론

➡️ **말씀 속으로** ⬅️

1:1. 여호수아서는 시대적으로 모세가 죽은 후 이스라엘 백성이 광야생활을 청산하고 눈의 아들 여호수아의 인도 아래 가나안 땅을 정복하기 위하여 요단 강을 건너가는 기적 이야기부터 시작한다.

여호수아는 에브라임 지파 사람이었고, 애굽에서 노예의 신분으로 태어난 사람이었다. 그의 본명은 "호세아"이고 (민 13:8; 신 32:44), "여호수아"(또는 예수아)라는 이름은 여호수아가 모세와 함께하는 동안 모세가 부르기 시작한 이름이다. "여호수아"는 "하나님은 구원이시다"라는 뜻이다. 여호수아는 출애굽 직후 르비딤 전투에서 아말렉과 싸워 승리를 거둔 후부터 알려지기 시작한 사람이다 (출 17:8-16). 여호수아는 "지혜의 영이 충만"하고 (신 34:9), 하나님으로부터 이스라엘의 지도자로 위임받은 사람이었다 (민 27:18-23).

또한 여호수아는 다른 11명의 정탐꾼과 함께 헤브론에 있는 에스골 골짜기를 정탐한 사람이었다 (민 13:1-16). 다른 10명의 정탐꾼은 가나안 땅에 들어가면 안 된다고 보고했으나 여호수아와 갈렙만은 들어갈 수 있다고 보고했다. 그는 모세의 후계자로 주전 1220년 이스라엘 백성을 인도하여 요단 강을 건너 하나님께서 아브라함에게 약속하여 주신 가나안 땅을 정복한 군을 지휘한 장군이요 (출 32:17), 가나안 땅을 각 지파에게 분배하여 준 행정가였다.

여호수아는 40년 동안 모세와 함께하면서 하나님의 놀라우신 역사를 목격한 사람이었고, 110세에 죽은 후에 에브라임 산지 딤낫 세라에 묻혔다.

1:2. 요단 동쪽에 있던 여호수아는 하나님으로부터 "일어나 이 요단을 건너 내가 그들 곧 이스라엘 자손에게 주는 그 땅으로 가라"는 사명을 받는다. 요단 강은 헤르몬 산으로부터 시작하여 사해로 흘러들어가는 가나안 땅에서 가장 긴 강이다. 여호수아와 이스라엘 백성은 지금 사해 북쪽 여리고 성 동쪽에 위치하고 있다.

1:3-5. 이스라엘 백성이 "발바닥으로 밟는 곳은 모두 내가 너희에게 주었노니"는 신명기 11:24-25를 인용한 것이다. 여호수아서는 하나님께서 약속해 주신 것이 지금 성취되고 있음을 강조한다. 그 약속의 땅은 남쪽으로는 가나안 동남부에 위치한 신 광야, 서쪽으로는 대해 (지중해), 동북부로는 유브라데 강, 서북쪽으로는 레바논 산지까지이다. 여호수아 당시 이스라엘 백성은 이 넓은 땅을 다 정복하지 못했고 다윗과 솔로몬 시대에 와서 모두 정복하게 된다.

하나님은 "네 평생에 너를 능히 대적할 자가 없으리니 내가 모세와 함께 있었던 것 같이 너와 함께 있을 것임이니라 내가 너를 떠나지 아니하며 버리지 아니하리니"(5절)라고 약속해 주시면서 동시에 여호수아에게 용기를 주신다.

1:6-8. 하나님은 여호수아에게 "강하고 담대하라" "나의 종 모세가 네게 명령한 그 율법을 다 지켜 행하고 우로나 좌로나 치우치지 말라 그리하면 어디로 가든지 형통"하게 되리라고 말씀해 주신다 (7절). 어떻게 하면 좌우로 치우치지 아니할까? "율법책을 네 입에서 떠나지 말게 하며 주야로 그것을 묵상"하면 된다 (8절).

1:9. (1) 강하고 담대하라. (2) 두려워하지 말라. (3) 놀라지 말라. (4) 네 하나님 여호와가 너와 함께 하느니라. 9절 말씀은 믿음을 가지고 하나님만 바라보고 그만 의지하라는 명령이다. 여호수아는 모세가 전하여 준 하나님의 말씀에 순종할 때만 성공하게 될 것이다. 그래서 여호수아는 모세를 통하여 전달된 하나님의 율법과 규례를 지키려고 노력한다.

I 부

여호수아 1:10 - 5:15
가나안 땅에 들어가다

여호수아 1:10-18
가나안 땅에 들어갈 준비

➡ 말씀 속으로 ⬅

1:10-11. 여호수아는 백성의 관리들에게 조만간에 약속의 땅을 차지하기 위하여 전진할 것이니 양식(군량미)을 준비하라고 명령한다. 여호수아에게 가나안 땅은 "여호와께서 너희에게 주사 차지하시게 하는 땅"이다.

1:12-18. 여호수아는 요단 동쪽에 땅을 차지하고 있던 르우벤 지파와 갓 지파와 므낫세 반 지파(므낫세 반에 대한 설명은 31쪽 참조)에게 처자와 가축은 요단 동쪽에 그대로 놓아 두고 군사들을 보내어 가나안 땅을 차지하는 일에 참여하라고 명령한다. 그리고 약속의 땅을 차지한 후에 그들은 다시 요단 동쪽에 돌아와 살아도 된다고 말한다.

요단 동쪽 지파 사람들은 "당신이 우리에게 명령하신 것은 우리가 다 행할 것이요 당신이 우리를 보내시는 곳에는 우리가 가리이다"라고 헌신적으로 응답한다. "누구든지 당신의 명령을 거역하며 당신의 말씀을 순종하지 아니하는 자는 죽임을 당하리니 오직 강하고 담대하소서"라고 말하면서 여호수아에게 긍정적인 반응을 보인다. 이러한 반응은 자기들이 여호수아의 지도력을 인정하고 있다는 뜻이다.

르우벤과 갓과 므낫세 반 지파에는 싸울 수 있는 군사가 11만 명이 있었는데, 그 가운데 우선 4만 명만 가나안 정복에 참여한다 (민 26:7-38 참조; 수 4:13).

1장이 제기하는 주제들은 전쟁, 땅, 지도력, 연합된 백성, 신실하신 하나님이고, 이 주제들은 24장까지 계속된다.

여호수아 2:1-24
정탐꾼과 기생 라합

━▶ 말씀 속으로 ◀━

2:1-7. 모세가 정탐꾼들을 보냈던 것처럼, 여호수아도 싯딤에서 여리고 성을 엿보기 위하여 두 정탐꾼을 보낸다. "싯딤"은 "아카시아나무"라는 뜻인데, 요단 동쪽에 있는 골짜기이며, 요단 강에서 7마일 지점에 위치해 있다. 싯딤은 이스라엘 백성이 요단 동쪽에서 강을 건너가기 직전에 진을 친 곳이다. "여리고"는 "종려나무의 성읍"이라는 뜻이고, 사해로부터 북쪽으로 12마일(19km)쯤에 있다. 여리고는 가나안 정복을 위한 요단 서쪽 5마일(8km)에 있는 요새지이다.

여호수아가 보낸 두 정탐꾼은 기생 (히브리어로 매춘부) 라합(뜻: 넓다)의 집에 유숙한다. 어떤 사람이 이 사실을 왕에게 밀고하여, 왕은 라합에게 그 사람들을 끌어내라고 명한다. 그 당시 왕은 한 성읍을 통치하는 사람이다. 그 때 라합은 그들이 내게 온 것은 분명하나 날이 어두워져서 성문을 닫을 때쯤 나갔기 때문에 그들이 어디로 갔는지 자신은 알지 못한다고 거짓말을 한다. 이러한 모습은 목숨을 내걸고 이스라엘 정탐꾼을 보호해 주는 모습이다. 라합은 그 정탐꾼들을 자기 집 지붕에 널어 놓은 삼대 속에 숨긴다.

2:8-14. 라합과 여리고 주민들은 하나님께서 애굽에서 나올 때 홍해 물을 마르게 하신 기적과 시혼과 옥을 전멸시키신 소식을 들어 알고 있었다. 라합은 "여호와께서 이 땅을 너희에게 주신 줄을 내가 아노라"고 말한다. "너희의 하나님 여호와는 위로는 하늘에서도 아래로는 땅에서도 하나님이시니라"고 고백할 정도로 하나님의 능력을 잘 알고 있었다.

라합은 자신의 목숨만 생각하는 사람이 아니라 자신이 정탐꾼들을 선대(하나님의 이름으로 충성을 다했다는 뜻)하였으니 여리고를 칠 때 자기와 부모와 형제와 자기에게 속한 모든 사람을 살려 주어 목숨을 죽음에서 구해 달라고 정탐꾼들에게 요청한다. 정탐꾼들은 라합이 요청한 대로 "네가 우리의 일을 누설하지 아니하면 우리의 목숨으로 너희를 대신할 것이요 여호와께서 이 땅을 우리에게 주실 때에는 인자하고 진실하게 너를 대우하리라"고 정중하게 맹세한다.

2:15-24. 성벽 근처에 있는 집에서 살던 라합은 정탐꾼들을 창문에서 줄로 달아 내리고 뒤쫓는 사람들을 피하여 산에서 사흘 동안 숨어 있다가 뒤쫓는 사람들이 돌아간 후 싯딤으로 돌아가라고 일러준다. 정탐꾼들은 약속을 지키겠다고 말한다.

정탐꾼들이 떠나간 후, 라합은 창문에다 신호로 붉은 줄을 맨다. 그리고 라합의 집에 붉은 줄을 매는 것은 출애굽 당시 이스라엘 백성의 문설주에 발랐던 양의 피를 생각나게 하여 준다. 이것은 라합이 믿음을 실천에 옮긴 것임을 입증하여 주는 것이다.

2:22-24. 라합이 피하라고 일러주는 산은 여리고 군대가 예상하여 뒤쫓는 정반대의 방향일 것이다. 두 정탐꾼은 산에서 사흘 동안 숨어있다가 뒤쫓는 자들이 떠나간 후 싯딤으로 돌아가 여호수아에게 "여호와께서 그 온 땅을 우리 손에 주셨으므로 그 땅의 모든 주민이 우리 앞에서 간담이 녹더이다"라고 보고한다.

믿음으로 용기를 내어 정탐꾼들을 숨겨 준 라합은 신약성경 히브리서(11:31)와 야고보서(2:25)와 마태복음(1:5)에서 믿음의 여인으로 추앙받는다.

━━▶ 생활 속으로

☼ 라합과 같이 목숨을 내걸 수 있는 믿음을 어떻게 하면 얻을 수 있을까?
☼ 전쟁 지역에 가서 자원봉사하는 의사와 간호사들이 있다. 나의 이웃을 위해 내가 할 수 있는 일들은 무엇이 있을까?

여호수아 3:1-17
이스라엘 백성이 요단 강을 건너가다

➡️말씀 속으로⬅️

3:1-8. 두 정탐꾼으로부터 보고를 받은 여호수아는 40년 동안의 광야생활을 청산하고 싯딤을 떠나 요단 강을 건너가기 위하여 요단 동쪽 강변에 이스라엘 백성을 유숙시킨다. 여호수아는 관리들에게 "레위 사람 제사장들이 너희 하나님 여호와의 언약궤 매는 것을 보거든 너희가 있는 곳을 떠나 그 뒤를 따르"고, 언약궤와 이천 규빗 간격을 두고 따르도록 백성에게 말해 주라고 한다. "언약궤"는 아카시아나무로 만든 직사각형의 상자인데, 너비가 27인치 (68.5cm), 높이가 27인치이다. 이것을 사람들이 멜 수 있도록 40인치 (102cm) 되는 길이의 직사각형으로 만들어진 것이다. 언약궤 안에는 십계명, 아론의 지팡이, 진설병이 들어 있다. 언약궤는 살아 계신 하나님의 임재를 상징한다.

이천 규빗 간격은 대략 3,000피트(900미터)쯤 된다. 언약궤와 이천 규빗 간격을 두는 것은 이스라엘 백성이 하나님의 인도하심을 따른다는 상징이요, 거룩하신 하나님의 임재로부터 간격을 두고 따르라는 상징이다. 즉, 이스라엘 백성이 요단 강을 건너가는 것은 살아 계신 하나님의 인도하심 때문에 가능하다는 것을 강조하는 것이다. 하나님은 가나안 땅에 살고 있는 원주민들을 쫓아내고 그 땅을 이스라엘 백성에게 주겠다고 약속하신다.

3:9-13. 가나안 땅에는 일곱 족속이 살고 있었다. "가나안 족속"은 가나안 땅에 살던 모든 원주민을 일반적으로 칭하는 것이다. "헷 족속"은 소아시아 (터키) 출신이다. "히위 족속"은 호리 족속과 동일하고 예루살렘 북쪽 레바논 지역에 거주하던 함 족속이다. "브리스 족속"은 농촌에 살던 사람들이라 별로 알려진 것이 없다. "기르가스 족속"은 갈릴리 호수 서쪽에 정착하고 있던 사람들일 것이다 (창 10:16;

대상 1:14). "아모리 족속"은 요단 서쪽에도 살고 있었고, 요단 동쪽 헤스본 왕국과 바산 왕국을 세운 족속이다. 여기서는 베니게 족속을 말하는 것 같다. "여부스 족속"은 예루살렘과 그 주변 산지에 살던 족속이며 헷 족속의 하위 집단 가운데 하나이다.

"살아 계신 하나님," "온 땅의 주" 되신 하나님은 위에서 언급한 족속들을 약속의 땅에서 쫓아내실 것이므로 이스라엘 백성은 그들과 상종도 하지 말아야 한다.

"여호와의 궤를 맨 제사장들의 발바닥이 요단 물을 밟고 멈추면 요단 물 곧 위에서부터 흘러내리던 물이 끊어지고 한 곳에 쌓여" 서는 기적이 일어날 것이다.

3:14-17. 이스라엘 백성이 요단 강을 건너간 시기는 양력으로 3월과 4월 사이에 해당한다. 이 시기는 요단 강의 수위가 높아지는 시기이다 (15절).

이스라엘 백성은 하나님께서 요단 강을 마르게 하신 기적 때문에 요단 강을 건너갈 수 있었다. 하나님께서 이스라엘 백성과 함께하심으로 일어난 모든 것은 우연히 일어난 것들이 아니고 말한 대로 일어났고 (13절), 말한 그대로 곡식을 거두는 시기에 일어난 것이다 (15절). 요단 강의 기적은 홍해가 갈라졌던 것처럼 흘러내리던 물이 이스라엘 백성이 모두 건너갈 때까지 말라 강 바닥이 마른 땅이 되었다 (17절). 이스라엘 백성이 모두 강을 건너가자마자 강의 물줄기는 다시 흐르기 시작하였다 (4:18).

▶생활 속으로

☆ 이스라엘 백성은 애굽에서 노예의 신분으로 사백 년 이상 살았고, 광야에서 40년 동안 방랑생활을 했다. 그리고 그렇게도 바라던 가나안 땅에서 생활하게 되었다. 나의 영적 생활 과정에서 나는 지금 어느 지점에서 생활하고 있다고 생각이 드는가? 왜 그렇게 생각하는가?

여호수아 4:1-24
열두 개의 돌

➡️ 말씀 속으로 ⬅️

4:1-9. 여호수아는 그가 믿는 것을 증거물로 입증하는 사람이다. 여호수아는 이스라엘 백성이 하나님께서 행하신 기적을 기억할 수 있도록 길갈에 열두 지파 대표가 요단 강에서 하나씩 가져 온 돌을 세우고 (1-8절), 강 가운데 언약궤가 있던 곳에 열두 돌을 세우라고 한다 (9절). 훗날 이스라엘 자손이 "이 돌들은 무슨 뜻이니이까" 하면 "이스라엘이 마른 땅을 밟고 이 요단을 건넜음이라"고 말해 주라고 한다. 하나님께서 과거에 행하신 일을 기억하는 것은 미래에 희망을 기대하는 기초가 된다.

4:10-14. 언약궤를 멘 제사장들이 요단 강 서쪽 땅을 밟고, 모든 이스라엘 백성이 요단 강을 건너가자마자 요단 강은 다시 흐르기 시작하였다. 언약궤는 하나님의 임재와 인도하심을 상징한다.

4:15-24. 첫째 달 (아빕월/니산월, 양력으로 3/4월에 해당함. 니산월은 이스라엘이 바벨론에서 포로생활을 할 때 더 많이 사용한 이름이다.) 십일에 요단 강을 건너온 이스라엘 백성은 길갈(굴러간다는 뜻)에 처음으로 진을 친다. 그리고 그 곳에 열두 개의 돌을 세운다. 길갈은 여호수아가 가나안 땅을 정복하고 언약궤를 이스라엘의 중심지인 실로로 옮기기 전까지 이스라엘의 중심 진영이었다.

훗날 길갈은 역사적으로 기억할 만한 성읍이 된다. 사무엘은 길갈에서 이스라엘을 다스렸다 (삼상 7:15-16). 이스라엘의 첫 왕 사울은 길갈에서 왕으로 기름 부음을 받았다 (삼상 11:14-15). 압살롬의 반역이 끝난 후 다윗은 길갈에서 이스라엘 백성의 환영을 받았다 (삼하 19장). 엘리야와 엘리사는 길갈에서 선지자로 활동하였다 (왕하 2:1-2; 4:38).

여호수아 5:1-15
할례와 유월절 축제

━▶ 주요 메시지

하나님은 이스라엘 백성에게 40년 동안의 광야생활을 청산하고, 약속의 땅에서 새 생활을 하게 되는 기념으로 언약을 갱신하는 의미에서 할례를 행하고, 하나님의 선하심과 신실하심을 감사하는 유월절 축제를 가지라고 지시하신다.

여호수아 5:1-9
할례를 행함

━▶ 말씀 속으로 ◀━

5:1. 요단 서쪽의 아모리 사람의 모든 왕과 해변의 가나안 사람의 모든 왕은 하나님께서 이스라엘 백성 앞에서 요단 강물을 말리셨다는 기적 소식을 듣고 두려워한다. 일반적으로 말해서 아모리 사람은 가나안 땅의 산지에서 살았고, 가나안 사람은 평지에서 살던 사람들이다.

5:2-9. 우선 하나님은 여호수아에게 유월절을 지키기 위하여 광야 길에서 할례를 받지 아니한 이스라엘 자손들에게 할례를 행하라고 지시하신다. 약속의 땅을 선물로 받은 곳에서 새롭게 언약의 백성으로 시작하라는 뜻에서 할례를 행하라는 것이다. 할례는 남자의 포피를 절제해 내는 예식인데, 이스라엘 백성의 남자뿐만 아니라 (레 12:2-3) 남자 종들과 타국인들도 받도록 요구되었다 (출 12:44, 48).

할례는 하나님과 이스라엘 백성 간에 언약을 체결하는 의미요, 하나님께 순종한다는 의미요, 하나님께 속해 있다는 의미요 (렘 4:4), 마음의 청결함을 의미한다. 이스라엘 백성이 하나님께서 택하신 성민이고, 하나님의 보호하심과 인도하심을 받는다는 표시이다.

5:10-15. 두 번째로, 하나님께서는 여호수아에게 아빕월 십사일 저녁에 여리고 평지에서 유월절을 지키라고 지시하신다. 이 축제는 노예생활을 끝낸다는 선포요, 하나님의 선하심과 신실하심을 감사하는 것이다. 이스라엘 백성이 출애굽 한 이듬 해에 유월절을 한 번 지킨 이후 38년만에 처음이다. 출애굽을 직접 경험하지 못한 세대에게 하나님의 사랑하심과 인도하심으로 약속의 땅에 들어오게 되었다는 사실을 가르쳐 주는 것은 중요하다.

유월절은 이스라엘 백성이 하나님의 권능으로 애굽의 노예의 신분에서 해방되어 자유의 몸으로 출애굽 한 것을 기억하는 축제이다. 하나님께서 애굽 왕 바로에게 내린 열 가지 재앙 가운데 마지막 재앙인 장자를 죽이는 재앙을 내릴 때 하나님의 명령에 따라 양을 잡아 문설주에 피를 바른 이스라엘 백성은 이 재앙에서 "건너뛰어 통과했음"을 뜻하는 축제이다. 유월절은 아빕월에 7일 동안 지키는데, 구약시대에는 아빕월이 새해였으나 오늘날은 9월 말이나 10월의 욤키퍼가 유대인의 새해이다. 이스라엘 백성은 약속의 땅에서 나는 소산물로 유월절을 지켰다. 그뿐만 아니라 그 땅의 소산물을 먹은 그 다음 날에 만나가 그쳤다.

5:13-15. 세 번째로, 여호수아는 여리고에 가까이 이르렀을 때, 칼을 든 하나님의 군대 대장을 만난다. 여호수아는 그 군대 대장에게 "너는 우리를 위하느냐 우리의 적들을 위하느냐"(13절)고 묻는다. 그는 "나는 여호와의 군대 대장으로 지금 왔"다고 답한다. 여호수아는 얼굴을 땅에 엎드려 절하고 "내 주여 종에게 무슨 말씀을 하려 하시나이까" 하고 묻는다. "여호와의 군대 대장"이 여호수아에게 "네 발에서 신을 벗으라 네가 선 곳은 거룩하니라"(출 3:5)고 말한다. 이것은 거룩한 백성으로서의 전쟁 준비가 완료되었음을 말해 주는 것이다. 그리고 하나님께서 함께 하신다는 표징이다.

◆◇◆ II 부 ◆◇◆

여호수아 6:1−12:24
가나안 땅을 정복하다

여호수아 6:1-27
여리고 성이 무너지다

━▶ 주요 메시지

여리고 성의 함락은 거룩한 전쟁의 모델이다. 거룩한 전쟁은 하나님께서 전략을 세우실 뿐만 아니라, 하나님께서 직접 전쟁을 지휘하신다. 백성은 하나님께서 하라고 지시하시는 대로 순종만 하면 된다. 전쟁의 결과는 하나님의 손에 달린 것이지 백성이 얼마나 많은 군사와 세밀한 전략으로 용감하게 잘 싸웠느냐에 달린 것이 아니다.

여호수아 6:1-14
여리고 성 함락을 위한 전략

━▶ 말씀 속으로 ◀━

여리고 성을 함락시키는 이야기는 강한 군대 때문에 승리하는 것이 아니라, 하나님께서 전략을 짜시고 개입하실 때만이 승리가 가능함을 입증하여 주는 첫 번째 예이다. 그 전략은 다음과 같다.

(1) 엿새 동안 아무 말을 하지 아니하고 매일 한 번씩 성 주위를 돌라.

(2) 제사장 일곱은 일곱 양각 나팔을 잡고, 일곱째 날에 그 성을 일곱 번 돌며 그 제사장들은 나팔을 불라. 이렇게 모든 것을 일곱 번 하는 예식적인 행위는 하나님의 섭리와 하나님의 임재를 강조하는 것이다. 양각 나팔은 축제를 위하여 회중을 불러 모으는 데 사용되는 것이다.

(3) 무장한 자들은 나팔 부는 제사장들 앞에서 행진하고, 그 다음은 언약궤가 가고, 그 다음 후군(후발대)은 언약궤를 따라가라고 한다. 백성은 나팔을 부는 제사장들을 조용히 따르다가 여호수아가 외치라고 명령할 때 외치기만 하면 된다. 그 성벽이 무너질 것이다. 즉, 여리고 성을 함락하기 위하여 백성은 하나님의 전략을 믿고 그의 인도하심에 순종하기만 하면 승리하게 된다는 것이다. 지금 이스라엘 백성이 치르고 있는 전쟁은 하나님의 계획에 따라 행하여지는 것이지 이스라엘 백성의 군사력을 믿고 싸우는 것이 아니다.

6:15-21. (4) 일곱째 날 새벽에 그들이 일찍 일어나서 전과 같이 그 성을 일곱 번 돈다. 일곱째 날 여호수아가 백성에게 외치라고 명령한다. 외치는 것은 하나님의 능력을 나타내기 위함이다. 그리고 여리고 성이 완전히 함락된다.

여리고 성의 함락은 "여호와께서 보라 내가 여리고와 그 왕과 용사들을 네 손에 넘겨 주었"다(2절)고 말씀하셨을 때 이미 승리한 것이나 마찬가지였다. 거룩한 전쟁은 하나님이 직접 싸우시는 것이기 때문에 백성은 하나님의 전략에 따르기만 하면 된다. 그리고 빼앗은 물건에 손을 대지 말라는 명령에 순종하기만 하면 된다.

6:22-26. 라합을 구제하여 주는 것은 그녀가 정탐꾼들을 숨겨준 것을 기억하는 것이며, 그녀와 한 약속을 지키는 것이다. 그 약속은 무서운 살륙이 벌어지는 전쟁 중에도 지켜졌다. 여호수아는 "누구든지 일어나서 이 여리고 성을 건축하는 자는 여호와 앞에서 저주를 받을 것이라 그 기초를 쌓을 때에 그의 맏아들을 잃을 것이요 그 문을 세울 때에 그의 막내아들을 잃으리라"(26절)고 말한다.

━▶ 생활 속으로

☆ 하나님이 이끄시는 전쟁과 인간의 욕심 때문에 일어나는 전쟁의 특징들은 어떻게 나타난다고 생각하는가?

여호수아 7:1-8:29
아이 성과 아간의 죄

━━▶ 말씀 속으로 ◀━━

7:1-9. 하나님의 도우심으로 여리고에서 승리를 거둔 이스라엘 백성은 여리고에서 "아이"(뜻: 폐허) 성으로 쳐들어간다. 아이는 12,000명의 아모리 족속이 사는 곳이고(8:25), 벧엘 동쪽 2마일 그리고 여리고에서 15마일(24km)밖에 안 된다. 여호수아는 아이 성이 약속의 땅을 점령하기 위하여 전략적으로 중요한 위치에 놓여있다고 생각한다.

그러나 아이 성을 공격하는 이야기는 여리고 성을 공격하는 이야기와 정반대로 전개된다. 믿음으로 여리고 성을 쳤다면, 아이 성은 여호수아가 전략을 짜고, 아간이 하나님의 명령을 어겼다는 것이 이슈이다. 두 가지가 이슈로 되어 있다. 하나는 하나님께서 아이 성을 네게 넘겨 주었다는 말이 없다. 즉, 이스라엘 백성이 전략을 짜서 전쟁을 한다는 이야기이다. 또 다른 하나는 "아간"(뜻: 문제)이 이슈이다. 아간은 유다 지파 세라의 증손 삽디의 손자 갈미의 아들이다. 아간은 여호수아 몰래 이스라엘 자손들이 전쟁에서 빼앗은 전리품을 훔친 사람이다. 그래서 하나님께서 이스라엘 백성에게 진노하신다. 이 전쟁은 패배당할 것임을 암시해 준다.

아이를 정탐하고 돌아온 정탐꾼들은 아이 성을 얕보는 식으로 여호수아에게 보고한다. 아이에는 12,000명의 소수의 사람들이 살고 있기 때문에 많은 군사를 보낼 필요가 없다고 보고한다. 아이 성을 치기 위해서는 이삼천 명의 군사만 파병시키면 될 것이라고 보고한다. 정탐꾼들의 말한 대로 여호수아는 3,000명쯤 군사를 보내어 싸우도록 하나 30명의 군인들이 죽고 그들은 패배를 당하여 "스바림까지"(뜻: 깨진 곳) 후퇴한다.

패배의 소식을 들은 여호수아는 옷을 찢고 장로들과 함께 "주 여호와여 어찌하여 이 백성을 인도하여 요단을 건너게 하시고 우리를 아모리 사람의 손에 넘겨 멸망시키려 하셨나이까 우리가 요단 저쪽을 만족하게 여겨 거주하였더면 좋을 뻔하였나이다…가나안 사람과 이 땅의 모든 사람들이 듣고 우리를 둘러싸고 우리 이름을 세상에서 끊으리니 주의 크신 이름을 위하여 어떻게 하시려 하나이까"(9절)라고 기도한다.

7:9-26. 하나님은 여호수아에게 말씀하신다. 이스라엘이 언약을 어겼고, 백성 가운데 하나님께 바친 물건을 도둑질하며 그것을 그들의 물건으로 만드는 일이 생겼다고 일러주신다. 십계명은 "도둑질하지 말지니라"고 명하고, "이웃의 모든 소유를 탐재지 말지니라"고 명한다.

여호수아는 하나님의 물건을 도둑질한 자를 가려내기 위하여 모든 지파를 수색하다가 유다 지파까지 오게 된다. 죄 지은 사람을 찾기 위하여 제비를 뽑는 방법을 사용하였는데, 유다 지파의 세라 족속이 뽑혔고, 삽디 가정이 뽑혔고, 아간 자신이 뽑히게 되었다. 아간은 고백하기를 아름다운 외투 한 벌과 은 이백 세겔과 오십 세겔 되는 금덩이 하나를 "보고 탐내어 가졌다"고 고백한다.

여호수아는 하나님께서 명하신 대로 아간이 도둑질한 모든 물건을 아골 골짜기에 불살아 버리고 아간의 모든 식구를 돌로 쳐죽인다. 신명기 24:16에 따르면, 자식들은 아버지로 말미암아 죽임을 당하지 않아야 하는데 그들이 아마도 아간의 범죄를 눈감아 주었기 때문에 죽였을 것이다.

━▶ 생활 속으로
☼ 하나님께 기도해 보지 아니하고 내 계획대로 일을 밀고 나가다가 실패해 본 적이 있는가? 얻은 교훈은 무엇인가? 무엇을 어떻게 하나님과 의논할 것인가?

8:1-9. 여호수아는 하나님께서 명하신 대로 아간이 저지른 일을 다 처리한다. 그 때 하나님은 여호수아가 다시 시작할 수 있는 기회를 허락해 주신다. 하나님은 여호수아에게 "군사를 다 거느리고 일어나 아이로 올라가라 보라 내가 아이 왕과 그의 백성과 그의 성읍과 그의 땅을 다 네 손에 넘겨 주었"다고 말씀하신다 (1절). 그리고 하나님께서 이번에는 아이에서 탈취할 물건과 가축은 가져도 된다고 말씀하신다.

여리고 성 함락을 위한 작전이 대낮에 싸우기 위한 작전이었다면, 아이 성을 함락시키기 위한 작전은 한밤중에 싸우기 위한 작전이다. 여호수아는 군사 삼만 명을 뽑아 밤에 길갈에서 아이로 보내며 (1) 성읍 뒤로 가서 매복하라고 명한다. (2) 여호수아와 그를 따르는 백성은 성읍 가까이 가면 처음과 같이 아이 군사들이 우리를 치려고 할 때에 우리가 그들 앞에서 도망하면 우리의 유인을 받아 성읍에서 멀리 떠나게 될 것이다. 그 때 너희는 매복한 곳에서 일어나 그 성읍을 점령하라고 명한다. (3) 그 성읍을 취하거든 그것을 불살라 버리라고 명하신다.

8:10-17. 여호수아와 그의 군사가 아침 일찍이 아이 성읍 가까이 가서 한 골짜기 간격으로 북쪽에 진을 친다. 그가 약 5,000명을 택하여 성읍 서쪽 벧엘과 아이 사이에 잠복시킨다. 이와 같이 성읍 북쪽에는 온 군대가 있고, 성읍 서쪽에는 복병이 있다.

여호수아가 그 밤에 골짜기 가운데로 들어갈 때 아이 왕은 복병이 잠복해 있는 줄을 알지 못한 채 여호수아가 이끄는 군사들을 보고 그 성읍 백성과 함께 이스라엘과 싸우려 한다. 여호수아와 온 이스라엘이 그들 앞에서 패한 척하며 광야 길로 도망하매 그 성읍에 있는 모든 백성이 성문을 열어놓은 채 여호수아를 추격하며 유인 작전에 속아 아이 성읍을 멀리 떠났다.

8:18-29. 하나님께서 여호수아에게 "네 손에 들은 단창을 들어 아이를 가리키라"고 말씀하신다. 여호수아는 하나님께서 말씀하신 대로 하니 복병이 일어나 성읍으로 달려 들어가서 점령하고 아이 성에 불을 질렀다. 여호수아와 온 이스라엘은 아이 성에 연기가 오름을 보고 도망하던 길에서 돌이켜 아이 백성을 공격하고 복병도 성읍에서 나와 아이 백성을 공격하니 아이 백성은 진퇴양난에 처하게 되었다. 이스라엘 군사들은 아이 주민을 성읍에서도 죽이고 들에서도 죽였는데, 죽음을 당한 사람들이 모두 12,000명이었고, 왕은 나무에 매달아 죽였다. 그리고 해 질 때에 왕의 시체를 나무에서 내려 그 성문 어귀에 던지고 그 위에 돌로 큰 무더기를 만들었다. 흥미로운 것은 아간과 왕이 돌 무더기 속에 묻히게 되었다는 사실이다. "아이"가 "돌 무더기"를 뜻하는 단어가 아닌가!

8:30-35. 여호수아는 모세가 말한 대로 신명기를 읽는 것으로 언약을 갱신하는 예식을 거행한다. 모세가 명한 대로 다듬지 아니한 돌로 하나님을 위하여 제단을 쌓고 번제물과 화목제물을 그 위에 드린다. 모세가 명령한 대로 반은 그리심 산에, 반은 에벨 산 앞에 서서 말씀을 듣는다.

아간의 이야기는 이스라엘이 거의 60만 명 이상의 군사를 가지고 있다고 하더라도 (민 26:51) 하나님이 인도하지 아니하는 전쟁은 패할 수밖에 없다는 것이다.

━▶생활 속으로

☼ 하나님과 함께하면 승리한다는 것을 알면서도 우리는 왜 우리의 잔꾀에 빠지게 되는가?

☼ 내 인생에서 기억에 남을 만한 실패가 있다면 그것은 무엇인가? 왜 실패하게 되었다고 생각하는가?

☼ 실패 때문에 성공할 수 있었던 사례가 있으면 서로 나누어 보자.

여호수아 9:1-10:15
여호수아를 속인 기브온 주민들

━━▶ 말씀 속으로 ◀━━

9:1-15. 여리고 전쟁과 아이 전쟁의 소식을 들은 요단 서쪽 산지와 평지와 지중해 연안에 있는 여러 족속(헷, 아모리, 가나안, 브리스, 히위, 여부스 족)의 왕들은 연합군을 이루어 이스라엘과 맞서 싸우려 한다.

그러나 길갈로부터 25마일 (40km) 떨어져 있던 기브온 주민들(히위 족속인데 이들은 오늘의 터키에서 가나안으로 이주해 온 사람들)은 여호수아가 여리고와 아이에 행한 소식을 듣고 전쟁을 해도 승산이 없는 것을 알고 꾀를 내어 여호수아를 속여 동맹을 맺고 살아남으려 한다. 기브온 사절들은 치밀하게 계획을 세우고 길갈 진영으로 가서 여호수아에게 조약을 맺자고 제안한다.

여호수아는 그들에게 "너희는 누구이며 어디서 왔느냐"고 묻는다. 그들은 먼 나라에서 왔다고 말하면서 애굽에서 일어난 일과, 헤스본 왕과 옥에게 행하신 일을 들었다고 말한다. 우리 장로들과 우리 나라의 모든 주민이 우리에게 말하기를 "우리는 당신들의 종들이니 이제 우리와 조약을 맺"고 오라고 하여 먼 거리를 오던 중 떡은 곰팡이가 피고, 포도주 부대는 찢어지고, 옷과 신도 낡아졌다고 말한다. 그들의 말을 들은 여호수아는 그들과 화친(평화조약)을 맺는다.

9:16-27. 여호수아는 조약을 맺은 사흘 후에 그들에게 속은 것을 알게 된다. 그러나 여호수아는 하나님의 이름으로 그들과 맺은 조약이기 때문에 기브온과 그비라와 브에롯과 기럇여아림 성읍 주민들을 건드리지 말고 살려주라고 명한다. 여호수아는 그들 모두를 하나님의 제단을 위하여 나무를 패며 물을 긷는 노동자로 삼는다.

10:1-15. 여호수아가 인도하는 이스라엘 백성은 기브온을 치려던 아모리 연합군과 싸워 승리한다.

10:1-5. 여호수아가 여리고에 행한 일과 아이에 행한 일과 기브온 주민이 이스라엘과 조약을 맺은 일이 예루살렘 왕 아도니세덱에게도 알려진다. "아도니세덱"은 예루살렘 왕에게 붙여진 호칭이다. 즉, 예루살렘 왕이라는 뜻이다. 예루살렘 왕 아도니세덱은 헤브론 왕 호함과 야르뭇 왕 비람과 라기스 왕 야비아와 에글론 왕 드빌에게 사절을 보내어 자기들을 배척한 기브온을 치자고 제안하고 그들이 아도니세덱의 제안에 합의하고 아모리 연합군을 조직하여 기브온에 대진하고 싸우려 한다. 예루살렘이 잘 알려진 곳이긴 하지만 창세기로부터 시작하여 지금까지 예루살렘에 대하여 언급하는 것은 이 곳이 처음이다.

10:6-7. 그 때 기브온 사람들은 길갈 진영에 있는 여호수아에게 사람을 보내어 아모리 사람의 왕들이 기브온을 치려하니 도와달라고 요청한다. 여호수아는 군사를 거느리고 길갈에서 기브온으로 올라가서 기브온을 위하여 싸운다.

10:8-15. 여호수아는 이 다섯 왕과의 전쟁에서 이길 수 밖에 없는데, 첫째로, 하나님께서 여호수아에게 "그들을 네 손에 넘겨 주었"다고 말씀해 주셨기 때문이다. 둘째로, 하나님께서 자연의 힘을 무기로 삼아 여호수아를 도와주시기 때문이다. 아모리 연합군의 왕들이 이스라엘 앞에서 도망하여 벧 호론의 비탈에서 내려갈 때에 하나님께서 하늘에서 큰 우박 덩이를 내리시매 그들이 죽었으니 이스라엘 자손의 칼에 맞아 죽은 사람보다 우박에 맞아 죽은 사람들이 더 많았다고 한다. 그리고, 셋째로, 하나님은 여호수아가 전쟁을 하는 동안 함께하여 달라는 그의 기도를 들어주시기 때문이다.

"태양아 너는 기브온 위에 머무르라
달아 너도 아얄론 골짜기에서 그리할지어다" 한다.
백성이 그 대적에게 원수를 갚기까지 태양이 머물고 달이 멈추었다는 것은 하나님께서 이스라엘이 완전히 승리할 수 있도록 홍해의 기적과 같이 요단 강의 기적과 같이 초자연적인 힘을 행사하셨다는 표현이다. 그리고 승리의 결과를 하나님께 돌리는 것이다. 이것에 대해서는 야샬의 책(정확하게 알 수 없으나 아마도 고대에 잘 알려졌던 민족에 관한 자료들이었던 것 같다. 삼하 1:18)에도 기록되어 있다.

10:16-28. 이 부분에서는 아모리 연합군의 왕들의 운명을 묘사한다. 예루살렘 왕 아도니세덱과 헤브론 왕 호함과 야르뭇 왕 비람과 라기스 왕 에글론 왕 드빌은 도망하여 막게다의 굴에 숨어 있었다. 이 사실을 여호수아에게 보고하자 여호수아는 굴 어귀에 큰 돌을 굴려 막고 사람을 그 곁에 두어 그들을 지키게 하였다. 그리고 대적의 뒤를 따라가 그 후군을 쳐서 그들이 자기들의 성읍에 들어가지 못하게 하라고 명하였다. 여호수아와 이스라엘 자손이 그들을 크게 살륙하였다.

여호수아는 동굴에 갇혀 있는 다섯 왕을 자신에게 끌고 오라고 명한다. 그리고 그와 함께 갔던 지휘관들에게 이 왕들의 목을 발로 밟으라고 명한다. 그들이 밟으매 여호수아가 그들에게 "두려워하지 말며 놀라지 말고 강하고 담대하라 너희가 맞서서 싸우는 모든 대적에게 여호와께서 다 이와 같이 하시리라"고 말해 준다 (25절).

그 후에 여호수아가 그 다섯 왕을 쳐죽여 다섯 나무에 매달고 저녁까지 나무에 달린 채로 두었다가 해 질 때에 그들의 시체를 나무에서 내려 그들이 숨었던 굴 안에 던지고 굴 어귀를 큰 돌로 막았다. 그 날에 여호수아가 막게다를 취하고 그 성읍과 모든 사람을 진멸하여 한 명도 남기지 아니하였다.

10:29-43. 이 아모리 연합군과의 전쟁의 결과로 여호수아는 남쪽 지역의 성읍들인 립나, 라기스, 게셀, 에글론, 헤브론, 드빌의 땅들을 단번에 점령하게 된다. 그리고 여호수아는 다시 길갈 진영으로 돌아온다.

여호수아 11:1-12:24
가나안 북방을 점령함

➡️ 말씀 속으로 ⬅️

11:1-15. 남쪽의 모든 성읍을 점령한 후, 여호수아는 북쪽 성읍들을 향하여 전진해 나간다. 하솔 (뜻: 요새) 왕 야빈은 이 소식을 듣고 마돈 왕 요밥, 시므론 왕, 악삽 왕, 북쪽 산지와 긴네롯 남쪽 아라바와 평지, 서쪽 돌의 높은 곳에 있는 왕들, 동쪽과 서쪽의 가나안 족속, 아모리 족속, 헷 족속, 브리스 족속, 산지의 여부스 족속, 미스바 땅 헤르몬 산 아래 히위 족속과 연합군을 조직한다. 이 여러 족속이 데리고 온 군대의 숫자가 해변의 수많은 모래 같다고 말할 정도였다. 이들은 이스라엘과 싸우려고 메롬 물가에 진을 쳤다.

"하솔"과 "마돈"은 갈릴리 지역에 있다.
"시므론," "악삽," "돌"은 지중해 연안에 있다.

하나님께서 여호수아에게 그들을 두려워하지 말라고 말씀하시면서 그들의 말 뒷발의 힘줄을 끊고 그들의 병거를 불사르라고 하신다. 이스라엘 사람들에게는 말이 없었기 때문에 말이 필요하면 다른 민족들과 접촉하고 협상하며 사들여야 하기 때문이다. 다시 말해, 지금의 전쟁은 하나님의 인도하심 때문에 이기는 것이지 무기 때문에 이기는 것이 아니라는 뜻이다.

여호수아는 메롬 물 가로 기습하여 가서 격파하고 시돈과 미스르봇마임까지 추격하고 동쪽으로는 미스바 골짜기까지 추격하여 한 사람도 남기지 아니하고 다 쳐죽인다. 여호수아는 하나님께서 말씀하신 대로 그들의 말 뒷발의 힘줄을 끊고 그들의 병거를 불로 살랐고, 하솔을 불로 살랐다. 이 성읍들의 모든 재물과 가축은 자손들이 탈취하였고, 호흡이 있는 자는 모두 칼로 쳐죽였다. 그리고 여호수아는 하나님께서 모세에게 명하신 모든 것을 행한다.

11:16-23. 여호수아는 이같이 네겝/네게브, 고센 (유다 남쪽에 있는 지역), 아라바, 이스라엘 산지와 평지를 점령하였다. 이 지역은 세일로 올라가는 할락 산에서부터 헤르몬 산 아래 레바논 골짜기의 바알갓까지이다. 그 때에 여호수아는 헤브론과 드빌과 아납과 유다 온 산지와 이스라엘의 온 산지에서 아낙 사람들을 멸절하고 그 성읍들을 또한 멸절하였다. 이 땅들은 남쪽 전체와 북쪽 일부를 점령하였다는 사실을 표현해 주는 것이다.

12:1-6. 12장에서는 모세가 승리하여 차지한 요단 동쪽의 땅들과 서쪽의 모든 땅을 요약하여 정리하여 준다. 모세가 쳐죽인 왕들은 요단 동쪽 아모리 족속의 왕 시혼과 바산 왕 옥인데, 모세는 이들의 땅을 르우벤 지파와 갓 지파와 므낫세 반 지파에게 분배하여 주었다.

12:7-24. 여호수아가 요단 강 서쪽에서 오랫동안 (약 칠 년 동안) 싸워 쳐죽인 서른한 명의 왕들이 통치하던 성읍들의 이름들을 나열한다. 그들은 여리고 왕, 아이 왕, 예루살렘 왕, 헤브론 왕, 야르뭇 왕, 라기스 왕, 에글론 왕, 게셀 왕, 드빌 왕, 게델 왕, 호르마 왕, 아랏 왕, 립나 왕, 아둘람 왕, 막게다 왕, 벧엘 왕, 답부아 왕, 헤벨 왕, 아벡 왕, 랏사론 왕, 마돈 왕, 하솔 왕, 시므론 므론 왕, 악삽 왕, 다아낙 왕, 므깃도 왕, 게데스 왕, 갈멜의 욕느암 왕, 돌 왕, 길갈의 고임 왕, 디르사 왕인데, 이렇게 모두 서른한 왕이 소유하고 있던 땅들을 이스라엘 지파들에게 분배하여 준다.

━▶ **생활 속으로**

☼ 하나님이 함께하시는 전쟁도 승리하려면 "오랫동안" 걸린다. 나의 삶 속에서 이 전쟁은 너무 길다고 생각되는 것은 무엇인가? 얼마 동안 기도하며 기다려 왔는가?

☼ 21세기에 살고 있는 우리 주변에서 전쟁이 끊임없이 일어난다. 왜 그럴까?

III 부

여호수아 13:1-22:34
가나안 땅을 분배함

▶ 주요 메시지

1장부터 12장까지는 가나안 땅에 들어온 후 가나안 땅을 정복하는 내용에 대하여 기록하였다. 13장부터 22장에서는 요단 동쪽 땅을 두 지파 반에게, 요단 서쪽의 나머지 아홉 지파 반에게 가나안 땅을 분배하여 주는 과정에 대하여 기록한다. 이것은 야곱이 열두 자녀를 축복해 주고, 모세가 열두 지파를 축복해 준 내용이 성취되어 가는 것들이다.

땅을 분배하는 방법은 민수기 26:52-56을 따른다. (1) 인구 비례에 따른 분배를 원칙으로 한다. (2) 지파의 이름을 따라 분배한다. (3) 제비를 뽑아 나누어준다. 제비를 뽑은 순서는 유다 지파로부터 시작하여 그 다음은 에브라임, 므낫세 반, 베냐민, 시므온, 스불론, 잇사갈, 아셀, 납달리, 그리고 끝으로 단 지파였다.

여호수아 13:1-14:15
행정가로서의 여호수아

▶ 말씀 속으로 ◀

13:1-7. 하나님은 여호수아가 나이가 많아 늙었고 아직 얻을 땅이 매우 많이 남아 있다고 말씀하신다. 이것은 여호수아가 가나안 땅을 정복하기 위하여 싸운 기간이 오래 되었다는 뜻이고, 여호수아가 정복해야 할 땅이 아직 많이 남아 있다는 뜻이다. 여호수아는 아직 블레셋 지역 (가사, 아스돗, 아스글론, 가드, 에그론 족속들), 그술 지역 (베니기아), 북쪽으로 레바논 지역을 점령해야 한다.

13:8-14. 요단 동쪽 지역은 르우벤, 갓, 므낫세 반 지파에게 분배된다. 요단 동쪽과 요단 서쪽에 므낫세 반 지파가 각각 땅을 차지하게 되는 이유는 무엇인가? "므낫세 반 지파"를 이해하기 위해서는 두 가지 사실을 동시에 염두에 두어야 한다. 하나는 야곱이 애굽에서 죽을 때에 다른 아들들을 제쳐놓고 열한 번째 아들인 요셉을 장자로 축복하여 준 사건이다. 다른 하나는 요셉에게는 두 아들이 있었다. 므낫세가 큰아들이고 에브라임이 작은 아들이다. 유대 관습에 따르면 첫 아들은 유산을 배로 받게 되어 있었다. 그래서 큰아들 므낫세는 유산을 배로 받게 되어 있어서 반은 동쪽에 반은 서쪽에 땅을 분배받게 된 것이다. "그술" 족속과 "마아갓" 족속은 갈릴리 동북쪽에 살고 있던 족속들인 것 같다. 이 지역은 므낫세의 아들 야일에게 분배되었다 (신 3:14).

레위 지파에게는 땅을 분배하지 아니하였는데, 땅이 사람을 지켜 주는 것이 아니라 하나님이 사람을 지켜 주신다는 사실을 레위 지파를 통하여 상기시켜 주기 위함이다. 레위는 야곱과 레아에게서 태어난 셋째 아들이다. 레위의 이름은 "연합하다"는 뜻이다 (창 29:34). 제사장들은 다 레위 지파 출신들이지만, 아론의 후손들만이 제사장이 되었다. 많은 다른 레위인들은 성전에서 노래를 하고, 예배를 돕고, 성전 재고를 책임 맡아 일을 했다. 그리고 그들은 한 곳에 모여 산 것이 아니라 백성이 율법을 지키며 살게 하기 위하여 48성읍에 흩어져 살도록 했다. 레위인들은 백성이 내는 십일조로 생활을 유지하였다.

13:15-33. 여호수아는 모세가 르우벤과 갓과 므낫세 반 지파에게 분배하여 준 땅들을 그대로 그들에게 분배하여 준다.

14:1-15. 여호수아와 제사장 엘르아살(아론의 셋째 아들)과 각 지파의 족장들은 요단 서쪽을 제비 뽑아 아홉

지파 반에게 땅을 분배하여 주기 시작한다. 말하자면 여호수아는 정치와 군대를 대표하는 사람으로, 엘르아살은 종교를 대표하는 사람으로, 각 지파의 족장들은 혈연을 대표하는 사람들로 참여한다. 이 세 그룹의 사람들이 땅을 분배하는 데 참여하게 된 이유는 하나님께서 모세에게 땅을 나눌 자들의 이름을 언급하셨기 때문이다. 여호수아는 그 명령을 수행하였을 뿐이다. 그리고 각 지파의 경계선은 처음부터 분명하게 경계선을 설정한 후 땅을 분배한 것이 아니라 정착하는 과정에서 그어진 것이다. 그래서 사사기에 가면 경계선 때문에 지파들 간에 혼란이 많이 생겼음을 알 수 있다.

갈렙은 유다 지파에게 분배된 헤브론 지역을 분배받기를 원해서 여호수아에게 요청한다. 헤브론은 예루살렘 남서쪽으로 25마일 (40km) 지점에 있고, 해발 2,788피트 (850m)나 되는 높은 지역이다. 헤브론은 이스라엘 신앙의 선조들과 밀접한 관계가 있는 성읍이다. 아브라함은 롯과 헤어진 후 이 곳으로 이주했다 (창 13:18). 아브라함과 그의 아내 사라는 헤브론의 막벨라 굴에 장사되었다. 이삭과 리브가도 이 곳에 장사되었고, 요셉도 자기의 부친 야곱을 이 곳에 묻었다 (창 50:13).

민수기 14:24에 따르면, 여호와께서 갈렙이 "나를 온전히 따랐은즉 그가 갔던 땅으로 내가 그를 인도하여 들이리니 그의 자손이 그 땅을 차지하리라"는 말이 나온다. 모세가 12명의 정탐꾼을 보냈을 때, 갈렙은 헤브론 지역을 책임 맡고 정탐한 경험이 있다. 갈렙은 자신의 나이가 85세이지만 여전히 강건하니 아낙 자손을 쫓아낼 수 있다고 말한다. 갈렙의 말을 들은 여호수아는 그를 축복한 후 헤브론을 갈렙에게 주어 기업을 삼게 한다. 헤브론은 유다 지파의 도움으로 점령된다. 헤브론의 옛 이름은 기럇 아르바이다. 아르바는 아낙 사람 가운데에서 가장 큰 사람들이었다.

여호수아 15:1-63
유다 지파에게 땅을 분배하다

━━▶ 말씀 속으로 ◀━━

"유다야 너는 네 형제의 찬송이 될지라 네 손이 네 원수의 목을 잡을 것이요 네 아버지의 아들들이 네 앞에 절하리로다"(창 49:9). "여호와여 유다의 음성을 들으시고 그의 백성에게로 인도하시오며 그의 손으로 자기를 위하여 싸우게 하시고 주께서 도우사 그가 그 대적을 치게 하시기를 원하나이다"(신 33:7).

15:1-12. 창세기 15:7에 보면, 여호와께서 아브라함에게 "나는 이 땅을 네게 주어 소유를 삼게 하려고 너를 갈대아인의 우르에서 이끌어"냈다고 말씀하신 것이 여호수아 15장에 와서 성취되고, 야곱이 임종시에 유언한 것이 또한 여호수아 15장에서 성취된다.

15:13-63. 여호수아는 지금 길갈에서 땅을 분배하여 주기 시작하는데, 하나님의 섭리 아래 땅을 분배하는 것으로 생각한다. 유다 (뜻: 찬양하다) 지파에게 제일 먼저 땅을 분배하여 준다. 유다가 지파들 가운데 제일 큰 지파였고, 메시야와 미래의 지도자들이 유다 지파에서 나오리라는 사실을 믿고 있었기 때문일 것이다.

15:13-19. 갈렙은 헤브론과 드빌(기랏 세벨)을 쳐서 점령한다. 드빌을 치는 데 공헌한 옷니엘에게 그의 딸 악사를 아내로 준다. 네겝 땅의 윗샘과 아랫샘을 그에게 준다.

15:20-63. 유다 지파는 남쪽으로는 에돔 경계에 이르고 남쪽 끝은 염해 (사해) 끝으로부터 신 광야까지이다. 동쪽 경계는 염해이고 요단 끝까지이다. 북쪽 경계는 요단 끝에 있는 해안에서부터 벤 호글라로 올라가서 벤 아라바 북쪽을 지나 엘로겔에 이른다. 즉, 예루살렘 부근까지와 여리고 성까지이다. 서쪽 경계는 대해(지중해)와 그 해안이다. 아주 넓은 땅을 분배받는다.

여호수아 16:1-17:18
요셉의 가족에게 땅을 분배하다

━━▶ 말씀 속으로 ◀━━

"네 아버지의 축복이 내 선조의 축복보다 나아서 영원한 산이 한 없음 같이 이 축복이 요셉의 머리로 돌아오며 그 형제 중 뛰어난 자의 정수리로 돌아오리로다" (창 49:26). "그는 첫 수송아지 같이 위엄이 있으니 그 뿔이 들소의 뿔 같도다 이것으로 민족들을 받아 땅 끝까지 이르리니 곧 에브라임의 자손은 만만이요 므낫세의 자손은 천천이로다" (신 33:17).

16:1-10. 요셉의 자손은 그의 두 아들 므낫세와 에브라임 자손들을 말한다. 야곱에게는 열두 아들이 있어서 열두 지파라고 말했는데, 여호수아가 땅을 분배할 당시에는 레위는 땅을 분배받을 수 없었고, 시므온은 유다 지파가 이미 분배받은 땅 가운데 일부를 분배받았기 때문에 에브라임과 므낫세를 지파로 쳐서 서로 이웃으로 땅을 분배하여 주었다. 그러나 제비를 뽑을 때는 한 지파로 취급하여 제비를 뽑게 하였다.

17:1-18. 므낫세는 예루살렘 북쪽 에벨 산과 그리심 산과 갈멜 산 지역의 땅을 분배받는다. 므낫세 지파는 삼 대에 걸친 여덟 가족으로 구성되어 있었다. 1대는 므낫세의 아들 마길 가족, 2대는 마길의 아들 길르앗 가족, 3대는 길르앗의 여섯 아들이다. 1대와 2대는 요단 동쪽에 므낫세 반 지파의 이름으로 땅을 분배받았고, 길르앗의 여섯 아들이 요단 서쪽에 므낫세 반 지파 이름으로 땅을 분배받았다. 요셉의 장자인 므낫세는 장자권 때문에 요단 동쪽과 요단 서쪽 땅을 두 배로 분배받은 것이다. 에브라임은 므낫세와 베냐민 사이에 땅을 분배받는다. 그러나 에브라임과 므낫세는 분배받은 땅이 너무 작다고 불평하자 여호수아는 브리스 족속과 르바임 족속의 땅을 정복하여 땅을 개척하라고 말해 준다.

여호수아 18:1-19:51
북쪽 지파들에게 땅을 분배하다

━━▶ 말씀 속으로 ◀━━

18:1-10. 여호수아는 땅을 분배하다 말고 언약궤를 길갈에서 실로로 옮겼는데, 그 언약궤는 다윗이 남북을 통일할 때까지 실로에 있었다. 다윗은 예루살렘을 수도로 정하고 언약궤를 실로에서 예루살렘으로 옮겼다.

여호수아가 실로를 언약궤가 있어야 할 장소로 선정한 이유는 실로가 벧엘과 세겜 중간 지점이어서 이스라엘의 중앙 지점이 된다고 생각했기 때문이다. 그리고 실로는 이름이 뜻하는 대로 백성들이 안식할 수 있는 곳으로 생각하였기 때문이다. 실로는 진정으로 이스라엘의 종교 정치, 군대, 행정부의 중심부로서 350년 동안 유지되었다.

땅을 아직 분배받지 못한 일곱 지파 (베냐민, 시므온, 스불론, 잇사갈, 아셀, 납달리, 단) 사람들은 땅을 차지하려는 열정도 식은 듯하다. 이들은 다른 지파들이 땅을 차지하기 위하여 전쟁에 참여는 하였으나 자신들의 땅를 차지하는 것은 주저하는 것 같다. 그래서 여호수아는 아직 땅을 분배받지 못한 일곱 지파의 문제를 해결하기 위하여 각 지파에서 세 명씩 대표를 선정하여 자신에게 보내라고 한다. 그리고 여호수아는 그 21명의 대표들에게 원주민들이 눈치채지 못하도록 다니면서 아직 점령되지 아니한 지역을 일곱 부분으로 나누어 그 땅을 그려 오라고 명한다. 그래서 이 21명의 사람들은 각 지역의 성읍들과 강과 산들의 경계표들을 그려 가지고 여호수아에게 가지고 온다.

18:11-28. "베냐민은 물어뜯는 이리라 아침에는 빼앗은 것을 먹고 저녁에는 움킨 것을 나누리로다" (창 49:27).

"여호와의 사랑을 입은 자는 그 곁에 안전히 살리로다 여호와께서 그를 날이 마치도록 보호하시고 그를 자기 어깨 사이에 있게 하시리로다" (신 33:12).

베냐민 지파는 유다 지파와 에브라임 지파 사이에 땅을 분배받는다. 베냐민 지파가 분배받은 땅은 남북을 잇는 전략상 중요한 지점에 있었기 때문에 분쟁이 자주 일어날 수밖에 없었다. 그래서 자연적으로 베냐민 지파가 전쟁을 좋아하는 이미지를 띠게 되었다. 그러한 의미에서 야곱이 예언했듯이 "물어 뜯는 이리"와 일치하게 되었다. 그리고 후에 베냐민 지파는 다른 이스라엘 지파들과의 싸움에서 패배하여 멸족에 가까운 운명에 처하게 된다. 그러나 베냐민 지파는 후에 다윗이 남과 북을 통일하는 데 있어 중요한 위치에 놓이게 된다.

19:1-9. 시므온 지파는 유다가 이미 분배받은 땅 가운데 최남단의 한 부분을 분배받는다. 시므온 지파는 작기 때문에 유다 지파에 흡수되어 생존하고 있었다. 그들의 땅에는 브엘세바, 호르마, 시그랏 등이 포함되어 있다.

19:10-16. "스불론은 해변에 거주하리니 그 곳은 배 매는 해변이라 그의 경계가 시돈까지로다"(창 49:13). "스불론이여 너는 밖으로 나감을 기뻐하라"(신 33:18상).

스블론(뜻: 기뻐하라) 지파는 나사렛과 베들레헴을 포함한 갈릴리 남쪽 지역을 분배받는다. 예수님은 이 지역에서 삼 년 동안 사역하셨다.

19:17-23. "잇사갈은 양의 우리 사이에 꿇어앉은 건장한 나귀로다 그는 쉴 곳을 보고 좋게 여기며 토지를 보고 아름답게 여기고 어깨를 내려 짐을 메고 압제 아래에서 섬기리로다"(창 49:14-15). "잇사갈이여 너는 장막에 있음을 즐거워하라 그들이 백성들을 불러 산에 이르게 하고 거기에서 의로운 제사를 드릴 것이며 바다의 풍부한 것과 모래에 감추어진 보배를 흡수하리로다"(신 33:18하-19).

잇사갈 지파는 서쪽 다볼 산으로부터 갈릴리 남쪽 끝까지 16개의 성읍을 분배받는다.

19:24-31. "아셀에게서 나는 먹을 것은 기름진 것이라

그가 왕의 수라상을 차리리로다" (창 49:20). "아셀은 아들들 중에 더 복을 받으며 그의 형제에게 기쁨이 되며 그의 발이 기름에 잠길지로다 네 문빗장은 철과 놋이 될 것이니 네가 사는 날을 따라서 능력이 있으리로다" (신 33:24-25).

아셀 지파는 북쪽 갈멜 산으로부터 시돈과 두로까지 해안 지역에 있는 22개의 비옥한 성읍들을 차지한다.

19:32-39. "납달리는 놓은 암사슴이라 아름다운 소리를 발하는도다" (창 49:21). "은혜가 풍성하고 여호와의 복이 가득한 납달리여 너는 서쪽과 남쪽을 차지할지로다" (신 33:23).

납달리 지파는 긴네렛 서쪽부터 헤르몬 산까지 19개의 비교적 고원 지대를 분배받는다.

19:40-48. "단은 길섶의 뱀이요 샛길의 독사로다 말굽을 물어서 그 탄 자를 위로 떨어지게 하리로다" (창 49:17). "단은 바산에서 뛰어나오는 사자의 새끼로다" (신 33:22).

단 지파는 벤냐민 지파와 에브라임 지파 사이에 지중해 쪽으로 분배받았으나 64,400명이 살기에는 너무 좁았고, 아모리 족속과 블레셋에게 땅을 빼앗겨 일부는 북쪽 라이스로 이주하였다 (삿 18장 참조).

북쪽 지역에 분배된 땅을 보면, 므낫세 지파 반과 에브라임 지파는 서로 근접해 있는 땅을 분배받는다. 므낫세 지파의 북쪽이 잇사갈 (17-23절), 그 다음 북쪽이 스불론 (10-16절), 그 다음 북쪽이 아셀 (24-31절), 그 다음 북쪽이 납달리이다(32-39절). 납달리가 최북단 경계선에 땅을 분배받는다. 그러나 후에는 단 지파가 최북단에 위치하게 된다.

19:49-51. 땅 분배를 다 마친 후, 여호수아는 에브라임 지파가 분배받은 산지 딤낫 세라(실로에 가까운 곳)에 거주지를 정한다. 실로에 언약궤가 있었으므로 그의 말년을 편하게 성소에 갈 수 있도록 알선해 주기 위함이었다.

여호수아 20:1-9
도피성

➡말씀 속으로⬅

신명기 19:1-13과 민수기 35:1-34에서 모세는 하나님께서 기업으로 주신 땅 가운데서 여섯 성읍을 도피성으로 정하라고 명하였다. 이 여섯 개의 도피성은 레위인들이 관리하게 되어 있다.

여호수아는 모세의 명령을 그대로 받들어 요단 서쪽에 세 개의 도피성을 세운다. 모세는 그가 살아 있던 당시 요단 동쪽에 르우벤 지파를 위한 "베셀," 갓 지파를 위한 "길르앗 라못," 므낫세 지파를 위한 "바산 골란"을 도피성으로 지정하였다 (신 4:41-43). 이제 요단 서쪽에 여호수아는 납달리 산지 갈릴리 "게데스"와 에브라임 산지의 "세겜"과 유다 산지 기럇 아르바 곧 "헤브론"을 도피성으로 지정한다.

20:1-9. 도피성은 부지중에 실수로 사람을 죽인 사람을 보복자들로부터 보호하여 주기 위한 제도이다. 부지중에 사람을 죽인다 함은 나무를 찍다가 도끼가 빠져나가 사람을 죽이게 되는 것과 같은 경우를 말하는 것이다. 도피성 제도는 하나님은 인간의 생명을 귀하게 여기신다는 뜻이며, 하나님은 자비와 사랑의 하나님이심을 강조하는 제도이다.

도피성에 도피하는 자는 그 성읍에 들어가는 문 어귀에 서서 그 성읍의 장로들에게 자기의 사건을 말해야 하며 장로들은 그를 성읍에 받아들여 한 곳을 주어 자기들 중에 거주하게 하여야 한다. 피의 보복자가 그의 뒤를 따라온다 할지라도 그들은 그 살인자를 그의 손에 내주지 말아야 한다.

살인자는 회중 앞에 서서 재판을 받기까지 또는 그 당시 대제사장이 죽기까지 그 성읍에 거주하다가 그 후에 그 살인자는 그 성읍 곧 자기가 도망하여 나온 자기 성읍 자기 집으로 돌아갈 수 있다.

여호수아 20:1-45
레위 지파가 살아갈 성읍들

➡ **말씀 속으로** ⬅

21:1-8. 레위 지파는 땅을 분배받을 수가 없었다. 모세는 이스라엘 백성이 광야에서 금송아지를 숭배한 것을 본 이후, 백성을 영적으로 지도하기 위하여 성막(장막)을 중심으로 하여 제사를 집례할 제사장들을 아론의 자손들에게서 구별하여 세웠다 (출 40:12-16).

그리고 모세는 나머지 레위인들은 제사장 보조 역할을 하든가, 이스라엘 전역에 흩어져 살면서 백성에게 율법을 가르치고 그들이 하나님을 신실하게 따를 수 있게 인도하도록 제도를 제정해 놓았다. 모세는 레위인들이 살아갈 성읍들과 가축의 먹이를 거둘 수 있는 목초지를 할당해 주도록 명하였다 (민 35:1-8). 그들에게 할당된 목초지는 다른 사람에게 팔 수 없었다. 그러나 그들이 살던 집은 팔 수 있었다.

레위에게는 게르손과 고핫과 므라리, 이렇게 세 아들이 있었다. 여호수아는 이 세 아들을 세 분파로 나누어 48성읍에 흩어져서 다른 백성과 함께 살면서 율법을 가르치면서 살도록 하였다. 평민들에게는 율법책이 주어져 있지 아니하였지만 레위인들에게는 율법책이 주어져 있었다. 후에 왕정시대에 들어와서 레위 출신들은 예루살렘 성전과 유다 지역에서 가르치는 일에 대활약을 하게 된다. 그리고 제사장이 아닌 레위 사람들은 제사장 보조 역할을 했다 (수 21장).

48개의 성읍 가운데 여섯 개가 도피성이다. 다시 말해, 도피성을 책임 맡고 운영하는 사람들이 레위인이라는 뜻이다. 레위인들은 땅을 기업으로 차지할 수 없었으나 자기들이 살고 싶은 고장에 가서 살 수 있도록 허락했었다. 레위 사람들은 땅이 없는 대가로 이스라엘 백성이 드리는 십일조로 생활할 수 있도록 생활 수단을 마련하여 주었다. 레위인에게 성읍을 분배하여 줄 때, 제사를 책임 맡은 사람들에게 먼저 성읍들을 분배하여 주고, 그 다음에 다른 레위인에게 성읍들을 분배해 준 것이 분명하다.

21:9-19. 대제사장 아론 가문이 13개의 성읍을 제일 먼저 분배받는다. 레위의 아들들 중에서 게르손이 장자임에도 불구하고 둘째 아들 고핫 자손들 중 대제사장 후손들에게 성읍을 제일 먼저 할당해 준다. 이 성읍들 가운데 헤브론 도피성이 포함되어 있다.

21:20-26. 그리고 대제사장의 후손이 아닌 고핫의 나머지 자손들에게 10개의 성읍을 두 번째로 분배해 준다. 이들은 성소에서 사용하는 기구들을 관리했던 것 같다. 이 성읍들 가운데 세겜 도피성이 포함되어 있다.

21:27-33. 레위의 장자 게르손 가문에 13개의 성읍을 분배해 준다. 이들은 성막의 뜰과 부속물들을 관리했던 것 같다. 이 성읍들 가운데는 바산 골란 도피성이 포함되어 있다.

21:34-42. 레위의 막내 아들 므라리 가문에게는 12개의 성읍을 분배해 준다. 이들은 성막의 기둥을 관리했던 것 같다.

레위인 23,000명은 모두 48개의 성읍에 흩어져 살면서 목초지를 재배하였다.

21:43-45. 이제 하나님께서 이스라엘 조상들에게 맹세하신 약속의 땅이 다 분배되었다. 지금까지 땅을 정복하고 분배하는 과정에서 우리가 명심해야 할 것은 하나님은 약속의 땅을 이스라엘 백성에게 약속해 주셨고 또한 하나님은 그 약속을 지키셨다는 사실이다. 하나님은 이스라엘 백성이 약속의 땅에서 쉴 수 있는 안식처를 마련하여 주셨다.

➡ 생활 속으로

☼ 우리교회는 목회자의 생활을 어떻게 보장해 주고 있는가? 목회자와 회중이 그 보장을 흡족하게 생각하는가?

여호수아 22:1-34
동쪽 지파들을 돌려보내다

➡ 말씀 속으로 ⬅

22:1-9. 여호수아는 요단 동편 지파들과 한 약속도 지켰다. 요단 동쪽에 모세로부터 땅을 분배받은 르우벤 지파, 갓 지파, 므낫세 반 지파는 약속의 땅을 차지하는 것을 돕기 위하여 40,000명의 군사를 여호수아에게 보냈었다. 여호수아는 이제 지파 별로 땅 분배를 완료하였기 때문에 이 두 지파 반을 다시 요단 동쪽으로 돌려보낸다. 여호수아는 그들을 축복해 주면서 전쟁 때 탈취한 "많은 가축과 은과 금과 구리와 쇠와 심히 많은 의복을 가지고 너희의 장막으로 돌아가서 너희의 원수들에게서 탈취한 것을 너희의 형제와" 나누라고 말해 준다.

22:10-20. 르우벤 지파와 갓 지파와 므낫세 반 지파는 가나안 땅 요단 언덕에 제단을 쌓았다. 후에 이것이 지파 간에 문제가 되기도 한다. 왜냐하면 요단 서쪽에 정착한 지파들은 언약궤가 있는 실로를 중앙 성소로 생각하고 있었기 때문이다. 그러나 요단 동쪽 성소에 가까운 지파들은 실로로 제사 지내러 가기보다는 요단 동쪽 지파가 세운 성소로 제사 지내러 가는 것이 더 편리하였기 때문이다.

22:21-34. 서쪽 지파 사람들이 동쪽 지파 사람들이 성소를 세운 것에 대하여 불평하자 르우벤, 갓, 므낫세 반 지파 사람들은 "전능하신 자 하나님 여호와, 전능하신 자 하나님 여호와께서 아시나니 이스라엘도 장차 알리라 이 일이 만일 여호와를 거역함이거나 범죄함이거든 주께서는 오늘 우리를 구원하지 마시옵소서" 하며 수령들에게 설명한다.

제사장 비느하스와 그와 함께한 회중의 지도자들이 그들의 설명을 받아들이고 그 제단을 "엣"(여호와께서 하나님이 되시는 증거라)이라 칭하고 동쪽 지파가 거주하는 땅에 가서 싸워 제단을 멸하자는 말을 다시는 하지 아니한다.

IV 부

여호수아 23:1-24:33
여호수아가 작별인사를 하다

여호수아 23:1-16
과거를 뒤돌아보다

➡️ 말씀 속으로 ⬅️

23:1-11. 여호수아는 이스라엘의 장로들과 수령들과 재판장들과 관리들을 모아놓고 하나님께서 이스라엘 백성과 함께하면서 승리를 거두게 하시고 땅을 분배하는 것을 다 목격하였으니 이제 "너희는 크게 힘써 모세의 율법 책에 기록된 것을 다 지켜 행하라 그것을 떠나 우로나 좌로나 치우치지 말라"(6절)고 말해 준다. 즉, 하나님께서 과거에 행하신 일들과 미래에 일어날 일들을 연결시켜 주고 있다.

그러므로 앞으로 가나안 민족들과 사귀지도 말고, 그들의 신들의 이름을 부르지도 말고, 그것들을 가리켜 맹세하지도 말라. 그 신들을 섬겨서 그것들에게 절하지도 말고, 스스로 조심하여 너희의 하나님 여호와를 사랑하도록 가르치라고 훈계하여 준다.

23:12-16. "너희 중에 이 남아 있는 이 민족들을 가까이 하여… 혼인하며 서로 왕래하면… 하나님 여호와께서 이 민족들을 너희 목전에서 다시는 쫓아내지 아니하시리니 그들이 너희에게 올무가 되며 덫이 되며 너희의 옆구리에 채찍이 되며 너희의 눈에 가시가 되어서 너희가 마침내 너희의 하나님 여호와께서 너희에게 주신 이 아름다운 땅에서 멸하"실 것이다.

"만일 너희가 하나님 여호와께서 너희에게 명령하신 언약을 범하고 가서 다른 신들을 섬겨 그들에게 절하면 여호와의 진노가 너희에게 미치리니… 아름다운 땅에서 너희가 속히 멸망하"게 될 것이다. 주전 586년에 이 사실이 이루어진다.

여호수아 24:1-33
하나님과 맺은 언약을 지키다

━━▶ 말씀 속으로 ◀━━

24:1-13. 여호수아는 이스라엘 모든 지파를 세겜에 모아놓고 작별인사를 한다. 왜 세겜일까? 하나님은 세겜에서 아브라함과 언약을 맺으셨기 때문이다. 하나님은 우상을 섬기던 아브라함을 우르에서 불러내어 가나안 땅으로 보내시면서 "내가 너로 큰 민족을 이루고 네게 복을 주어 네 이름을 창대하게 하리니 너는 복이 될지라"(창 12:1-2)고 축복하여 주셨다. 가나안 땅에서 아브라함은 이삭을 낳았고, 이삭은 에서와 야곱을 낳았다. 그리고 야곱의 식구들은 이스라엘의 열두 지파가 되었다.

야곱의 식구들은 애굽에서 430년 동안 노예로 생활하다가 여호와께서 홍해를 가르는 기적을 통하여 출애굽하게 되었다. 여호와는 아모리 족속의 땅을 이스라엘 백성에게 넘겨 주셨고, 아모리 두 왕(시혼과 옥)을 치셨고, 그들이 수고하지 아니한 땅과 건설하지 아니한 성읍들을 주셨다.

24:14-28. 그러므로 여호수아는 하나님을 경외하며 온전함과 진실함으로 그를 섬기라고 명한다. 너희의 조상들이 섬기던 신들을 치워 버리고 여호와만 섬기라고 명한다. 그 때 백성이 대답하여 "오직 나와 내 집은 여호와를 섬기겠노라… 우리가 결단코 여호와를 버리고 다른 신들을 섬기기를 하지 아니하오리니"(15-16절)라고 응답한다.

24:29-33. 여호수아가 110세에 죽고 딤낫 세라에 장사되었다. 그리고 요셉의 뼈를 세겜에 장사하였다. 제사장 엘르아살은 에브라임의 한 산에 장사되었다.

━━▶ 생활 속으로

☼ 여호수아서에서 얻은 영의 양식은 무엇인가?
☼ 오늘날 여호수아와 같은 영적 지도자는 누구인가?

사사기

◆◊◆ I부 ◆◊◆

사사기 1:1 – 3:6
역사적인 사건과 그것에 대한 설명

━▶ 주요 메시지

사사기 시대를 한 구절로 요약해서 말한다면 사사기 21:25일 것이다. "그 때에 이스라엘에 왕이 없으므로 사람이 각기 자기의 소견에 옳은 대로 행하였더라."

사사기는 이스라엘 백성이 가나안 땅을 점령하고, 그 땅을 분배한 후 정착하여 가는 과정에서 정치, 사회, 종교 면에서 당면하는 여러 가지 어려움과 혼란을 적나라하게 소개하여 주는 책이다. 가나안의 다른 민족들로부터 계속 억압을 당하여 하나님께 울부짖으면 하나님께서 사사들을 세워 구원하여 주시고, 사사들이 죽으면 다시 내적으로 타락하여 백성이 무질서하게 "각기 자기의 소견에 옳은 대로 행하"는 모습을 소개하여 준다. 그리고 이스라엘이 어려움을 당하는 이유는 하나님께 순종하지 아니하기 때문이다.

신학적인 면에서 사사기는 인간의 죄된 모습을 가장 적나라하게 보여주는 책일 것이다. 다른 민족 간의 전쟁, 경계선 문제로 생기는 갈등, 폭력, 부부 간의 갈등, 여성 학대, 왕이 되어 남을 지배하고 싶어하는 마음, 도덕적인 몰락, 사회에 영향력을 잃은 종교 등 오늘의 사회 현상을 볼 수 있다.

사사기 1장에서 큰 지파들은 가나안 족속들을 치고 또한 작은 지파들은 쫓김을 당하는 역사적인 사실들을 소개하여 주고, 2장에서는 그 역사적인 사실들을 설명하여 준다. 이스라엘 백성이 가나안 땅을 점령하는 것은 여호수아 시대에 이루어졌던 것이 아니라 다윗 왕 때 가서 완료된다. 특히 북쪽 지파들은 대부분의 지역들을 점령하지 못했다.

사사기 1:1-36
정착 과정에서 오는 혼돈

━━▶ 말씀 속으로 ◀━━

　사사기는 남쪽 지파들(유다와 시므온)의 정착과정부터 시작하며, 그 다음에 중부 지역의 지파들 (베냐민, 에브라임, 므낫세), 그 다음에 북쪽 지역의 지파들, 그리고 제일 마지막에 단 지파가 어떻게 최북단에 정착하게 되었는지를 소개하여 준다. 사사들을 소개하는 과정에서도 마찬가지로 남쪽 사사들로부터 시작하여 북쪽 사사들을 소개한다.

　여호수아가 이스라엘의 지도자이었을 때, 이스라엘은 여호수아 인도 아래 연합된 공동체로서 하나님께 신실하게 순종하는 공동체였다. 그러나 사사기 시대에는 지파들이 연합되어 있지 않을 뿐만 아니라, 도덕적으로나 종교적으로 말로 다 표현할 수 없이 타락되어 있는 것이 특징이다.

　1:1-2. 모세가 죽은 후에 여호수아 시대가 시작된 것 같이, 여호수아가 죽은 후에 사사시대가 시작된다. 사사시대에는 이스라엘을 이끌어 갈 지도자가 없어 지파와 개인의 소견에 옳은 대로 문제를 해결해 나가는 시대가 시작된다. 여호수아서에서는 하나님께서 싸워서 쫓아내야 할 대상을 말씀해 주셨다면, 사사기에서는 유다가 누구와 싸워야 하느냐고 여호와께 묻는 것이 특징이다. 즉, 사사기에서는 싸우고 싶으면 싸우고, 싸우기 싫으면 가나안 족속들과 융합되어 함께 사는 길을 택하는 것이 특징이다.

　1:3-10. 유다와 시므온 지파는 연합군을 이루어 함께 싸우러 간다. 유다와 시므온은 레아의 아들들인데 시므온 지파는 유다 지파가 기업으로 받은 땅 안에서 남쪽에 살고 있었다. 유다 자손은 처음으로 가나안 족속과 브리스 족속과 싸워 10,000 명이나 죽이는 큰 승리를 거둔다. 가나안에 살고 있던 일곱 민족 가운데 두 민족을 정복한 셈이다. 베섹에서 아도니 베섹과 싸워 승리를 거둔다. 유다 지파는

도망하는 아도니 베섹을 잡아 그의 엄지손가락과 엄지발가락을 자른 후 예루살렘에서 그를 죽인다. 이것은 아도니 베섹이 다시는 무기를 잡지 못하게 하고, 제사장 역할을 하지 못하게 하여, 다시는 왕으로 통치하지 못하게 하는 처사였다. 아도니 베섹도 적군의 지도자를 잡으면 엄지손가락과 엄지발가락을 잘랐던 것 같다 (7절).

유다 자손은 또한 예루살렘을 쳐서 불살랐다 (8절). 그러나 21절에 보면, 베냐민 지파는 예루살렘에 사는 주민들을 쫓아내지 못한 것으로 기록한다. 이렇게 8절과 21절이 다르게 기록된 이유는 예루살렘에 살고 있던 여부스 족속이 남쪽으로는 유다 지파와 경계를 이루었고, 북쪽으로는 베냐민 지파와 경계를 이루고 있었기 때문이다. 유다 지파와 경계를 이루고 있던 예루살렘 지역은 패배당했고 (8절), 베냐민 지파와 경계를 이루고 있던 지역은 패배당하지 아니하였다는 뜻이다. 예루살렘은 다윗 왕 때에 와서야 정복된다.

그 다음으로 유다와 시므온은 헤브론 지역을 점령한다. 유다는 헤브론(옛 이름은 기럇 아르바)에 거주하는 가나안 족속을 쳐서 아낙의 아들들 세새와 아히만과 달매를 죽인다.

1:11-15. 유다 자손은 또한 드빌(기럇 세벨, 책의 도시라는 뜻)을 친다. 갈렙은 "기럇 세벨"을 쳐서 그것을 점령하는 자에게는 자기의 딸 악사를 아내로 주겠다고 약속을 하였고, 갈렙의 아우요 그나스의 아들인 옷니엘이 그 곳을 점령하여 악사와 결혼하게 된다. 갈렙은 악사가 결혼할 때 그녀의 요청대로 윗샘과 아랫샘을 그에게 준다. 옷니엘은 사사기의 첫 사사이다.

1:16-21. 모세의 장인은 겐 사람이었다. 겐 사람들은 모세가 가나안 땅에 들어가 함께 살자고 하여 이스라엘 백성과 함께 살았으나 (민 10:29-32), 가나안 정복에 참여하지는 아니하고 아랏 남방의 황무지에서 살고 있었다.

유다와 시므온은 스밧을 쳐서 진멸하여 그 성읍을 "호르마"(뜻: 완전히 파괴하다)라 칭하였다. 유다는 가사, 아스글론, 에그론 지역을 점령하였다. 유다 자손은 또한 모세가 약속한 대로 헤브론을 점령하여 갈렙에게 주었다. 그러나 그들은 성읍 밖에 사는 골짜기 주민들은 쫓아내지 못했다. 왜냐하면, 그들은 철 병거를 가지고 있었기 때문이다. 나중에 블레셋은 이스라엘을 계속 괴롭힌다.

1:22-26. 요셉 가문(에브라임과 므낫세)도 벧엘을 쳐서 점령한다. 벧엘은 야곱이 붙인 이름이고, 가나안 사람은 벧엘을 "루스"라 불렀다. 벧엘에는 헷 족속이 살고 있었다. 벧엘을 점령하는 이야기는 여기서만 언급되고, 1장 끝까지는 전쟁에서 승리하지 못한다.

1:27-36. 그러나 요셉 가문도 벧엘만 점령할 뿐 가나안 땅 중앙 지역과 북쪽에 자리잡은 므낫세 반 지파, 에브라임, 아셀, 납달리, 그리고 단 지파들은 가나안 땅의 적들을 쫓아내지 못했다. 그 이유는 북쪽 지파들이 하나님께 순종하지 아니하였기 때문이다. 므낫세는 하나님의 명령에 순종하지 아니하여 벧스안, 다아낙, 돌, 이블르암, 므깃도에 딸린 마을들의 주민들을 쫓아내지 못했다. 그들의 주민들을 므낫세 지파 자손들과 함께 살도록 놓아두고, 이스라엘이 강성하게 된 후에야 가나안 족속에게 노역을 시켰다. 그러나 먼 훗날 이스라엘 백성은 그들을 위하여 노역을 하게 된다. 에브라임은 게셀에 거주하는 가나안 족속을 쫓아내지 못했고 오히려 에브라임 족속은 게셀에서 그들 중에 거주하며 생활한다. 스불론은 기드론 주민과 나할롤 주민을 쫓아내지 못했다. 가나안 족속은 그들 가운데 거주하면서 노역을 하였다. 아셀은 악고, 시돈, 알랍, 악십, 헬바, 아빅, 르홉 주민을 쫓아내지 못하고, 그들 가운데 거주하였다. 납달리는 벧세메스, 벧아낫 주민을 쫓아내지 못하고 노역을 시켰다. 단 지파는 아모리와 블레셋 족속에게 완전히 패배당했다.

사사기 2:1-3:6
하나님과 바알, 누구를 섬길 것인가?

━━▶ 말씀 속으로 ◀━━

2:1-5. 이 부분은 1:27 이후에서 이스라엘이 가나안 족속들을 쫓아내지 못하는 이유를 설명하여 주는 부분이다.

하나님의 사자가 하나님의 메시지를 전달하기 위하여 길갈에서 보김(벧엘의 또 다른 이름이며 루스라고도 한다)으로 간다. 그 사자는 이스라엘의 모든 자손에게 "내가 너희를 애굽에서 올라오게 하여… 너희는 이 땅의 주민과 언약을 맺지 말며 그들의 제단들을 헐라 하였거늘 너희가 내 목소리를 듣지 아니하였으니 어찌하여 그리하였느냐"고 말한다.

이스라엘 백성은 하나님과 맺은 언약을 지켜야 하는 것을 잘 알고 있었다. 모세를 통하여 하나님과 맺은 언약을 지키면 하나님께서 축복하여 주시고, 그 언약을 지키지 아니하면, 저주하신다는 말을 잘 알고 있었다 (신 27-28장). 그리고 여호수아가 죽기 전에 하나님의 언약을 지킬 때와 지키지 아니할 때 일어날 일들을 분명하게 말한 것을 잘 알고 있었다. 가나안 족속들과 동맹을 맺어서도 안 되고, 그들의 종교와 타협해도 안 되고, 그들의 신전은 허물어야 한다는 것도 잘 알고 있었다. 그러나 그들은 이것들을 지키지 아니하였다

그리고 그들은 "너희의 하나님 여호와께서 너희에게 말씀하신 모든 선한 말씀이 너희에게 임한 것 같이 여호와께서 모든 불길한 말씀도 너희에게 임하게 하사 너희 하나님 여호와께서 너희에게 주신 이 아름다운 땅에서 너희를 멸절하기까지 하실 것이라"는 말씀도 잘 알고 있었다 (수 23:15).

그래서 언약을 지키지 아니하는 이스라엘 백성에게 하나님께서는 "내가 그들을 너희 앞에서 쫓아내지 아니하리니

그들이 너희 옆구리에 가시가 될 것이며 그들의 신들이 너희에게 올무가 되리라"고 말씀하신다 (3절).

하나님의 사자의 말을 들은 모든 이스라엘 자손은 소리 높여 운다. 가나안 사람들이 그들의 "가시"이고 "올무"가 되어 있는 환경을 잘 실감하고 있었기 때문이다. 그러므로 그 곳을 이름하여 보김(뜻: 우는 자들)이라 하고 거기서 하나님께 제사를 드린다.

2:6-10. 그러나 이스라엘 백성의 회개는 하나님께서 여호수아와 장로들을 통하여 행하신 모든 일을 잘 아는 사람들에게 국한된 회개였다. 여호수아가 110세에 죽고, 하나님께서 큰 일을 행하신 것을 본 자들이 다 죽은 후 다음 세대는 하나님을 알지 못하며, 하나님께서 이스라엘을 위하여 행하신 일도 알지 못했다.

2:11-23. 모세와 여호수아의 행적들을 기억하지 못하는 이스라엘 자손은 하나님의 목전에 악을 행하여 바알과 아스다롯을 섬겼다. "바알"은 "주" 혹은 "주인"이라는 뜻이며 자연과 일기와 번식력과 관련된 신이다. 그래서 농사를 짓고 가축을 기르던 이스라엘 백성에게 바알 숭배는 끊임없는 유혹이었다. 그들은 바알을 믿고 하나님을 버렸다.

바알을 섬기는 이스라엘 백성을 보신 하나님은 진노하셔서 그들을 대적의 손에 팔아 넘기어 이스라엘 백성이 대적과 싸울 때마다 패배를 당한다. 그런데 비극은 사사기의 새 세대는 언약을 어기고 하나님께 불순종하는 데서 오는 이러한 비극적인 결과를 알지 못하고 있다는 것이다.

모세는 이스라엘 백성이 광야생활을 하고 있었을 때, 언약을 지키지 아니하면 하나님께서 적군 앞에서 이스라엘 백성을 팔아 넘기고, 도망하게 하시고, 온 땅에 흩어지게 하시고, 시체가 공중의 새와 땅의 짐승들의 밥이 되고, 이방인 주인을 섬기게 하실 것이라고 경고한 바가 있다 (신 28:25-26, 43 참조).

이스라엘은 하나님과 맺은 언약을 지키지 아니함으로 자신들의 무덤을 자신들이 파는 격이 된 셈이다. 이 대적을 당하지 못하여 괴로워하자 하나님께서 사사들을 세우사 노략자의 손에서 그들을 구원하게 하셨으나 그들이 사사에게도 순종하지 아니하고 다른 신들을 따라갔다.

3:1-6. 하나님께서 가나안의 모든 전쟁을 알지 못하는 이스라엘 자손에게 전쟁을 가르쳐 알게 하려고 이방 민족들을 남겨 두셨다. 다시 말해, 유다 지파가 블레셋의 중요한 성읍들을 점령하였지만, 다른 지파들은 가나안의 다른 족속들을 점령하지 못하였다. 그들은 블레셋의 다섯 군주, 모든 가나안 족속, 시돈 족속, 바알 헤르몬 산에서부터 하맛 입구까지 레바논 산에 거주하는 히위 족속이다.

주위에 많은 족속 가운데 이 족속들을 언급하는 이유는 이들이 군사적으로 얼마나 강하였는가를 언급하려는 것이 아니다. 이스라엘이 지리적으로 동남부 (가나안 족속), 동북부 (히위 족속), 북서부 (시돈 족속), 남서부(블레셋) 가운데에서 살고 있음을 말하여 주고 있는 것이다.

그러므로 이스라엘 자손은 가나안 족속들 가운데에 거주하면서 그들의 딸들을 맞아 아내로 삼으며 자기 딸들을 그들의 아들에게 주고 또 그들의 신들을 섬기며 살았다. 이렇게 가나안 족속들을 열거하는 이유는 가나안 족속들과 생활하는 것이 일상생활화되어 있었다는 뜻이다. 하나님과 언약을 맺은 특별한 백성이라는 신학적인 개념을 잃은 채 자기들의 소견에 따라 살고 싶은 대로 평범한 생활을 하고 있었다는 뜻이다.

━▶ 생활 속으로

☼ 하나님의 백성으로서 우리가 우리의 소견대로 옳고 그름을 판단하여 우리 맘대로 생각하고 행동하는 모습으로는 어떤 것들이 있을까?

II부

사사기 3:7 - 16:31
열두 사사

▶ 주요 메시지

3장부터 16장까지 다음과 같은 패턴이 계속 반복된다.
- 이스라엘이 하나님의 목전에서 악을 행한다.
- 하나님께서 이스라엘 백성을 적에게 넘겨주신다.
- 이스라엘 백성이 하나님께 부르짖는다 (회개한다).
- 하나님께서 이스라엘을 위하여 사사(구원자)를 세우고 백성을 구원하신다.

사사기 3:7-11
사사 옷니엘

▶ 말씀 속으로 ◀

　사사기의 독자들은 사사들의 행적을 통하여 저자가 말하여 주는 의미를 포착할 수 있어야 한다. 왜냐하면 사사기 저자는 사사들의 과거 행적을 이야기해 주면서 독자들이 오늘을 어떻게 살아야 하는가에 더 초점을 두기 때문이다. 특히 사사들은 이스라엘의 사회질서와 사회정의와 지파들의 경계 방위에 초점을 두었던 사람들이었다.
　"사사"는 "구원하는 자"라는 뜻이다. 사사기에는 12명의 사사가 있는데, 옷니엘, 에훗, 드보라, 기드온, 입다, 삼손을 대사사라고 하고, 삼갈, 돌라, 야일, 입산, 엘론, 압돈을 소사사라고 한다. 사사들은 여호와의 부름을 받아 사사가 된 사람들이다. 그들은 개인과 개인 사이, 동족과 동족 사이의 갈등을 해결하여 주고, 더 크게는 이스라엘이 위기에 처했을 때, 그 위기를 모면할 수 있도록 인도한 사람들이었다.

- 이스라엘의 자손이 하나님의 목전에 악을 행하여 자기들의 하나님을 잊어버리고 바알과 아세라를 섬긴다. 이스라엘 백성은 하나님께서 그들을 위하여 과거에 행하신 모든 일을 망각한 채 믿음의 길을 택하기보다는 그들이 보고 듣고 편한 대로 생활한다.
- 그래서 하나님께서 이스라엘에게 진노하시고, 그들을 메소보다미아 왕 "구산 리사다임"(뜻: 이중으로 사악한 자)의 손에 넘겨주신다.
- 이스라엘 자손이 하나님께 부르짖는다 (회개한다).
- 하나님께서 옷니엘에게 그의 영을 부어주시어 첫 번째 사사로 세워 주신다.

하나님의 영이 옷니엘에게 특별하게 주신 소명은 이스라엘 백성을 메소보다미아 왕 구산 리사다임으로부터 구원하여 주는 것일 뿐만 아니라, 이스라엘의 소송 문제를 맡아 사회질서를 유지하는 책임이다. 옷니엘은 유다 지파 출신이고, 갈렙의 아우 그나스의 아들이다. 옷니엘은 헤브론(드빌, 가랏 세벨)을 치고 승리하여 갈렙의 딸 악사와 결혼하게 된다.

옷니엘은 이스라엘이 40년 동안 평온하게 살 수 있도록 구원하여 준 사사이다.

사사 옷니엘의 행적은 앞으로 나오는 사사들의 행적의 모델이 된다. 그 모델은 사사 때문에 승리하는 것이 아니라 하나님 때문에 승리하는 것이다. 이후로 삼손을 제외한 모든 사사가 승리를 거둔다. 그리고 입다와 삼손을 제외하고 모든 사사가 이스라엘 백성이 평온하게 살 수 있도록 인도하여 준다.

사사기 3:12-30
사사 에훗

━━▶ 말씀 속으로 ◀━━

- 이스라엘 자손이 또 하나님의 목적에서 악을 행한다.

• 하나님께서 모압 왕 에글론(뜻: 살찐 송아지 새끼)을 강성하게 하시어 이스라엘을 그들의 손에 넘겨주어 에글론을 18년 동안 섬기게 하셨다. 에글론은 연합군을 조직하여 여리고에 본부를 두고 있었다. 그러나 에글론은 살찐 송아지 새끼처럼 죽임을 당하게 될 것이다. 모압 족속은 롯과 그의 큰딸 사이에서 생겨난 후손이니 이스라엘과 친척관계이다. 그리고 암몬 족속은 롯과 그의 작은딸 사이에서 생겨난 후손들이니 이들도 친척관계이다. 그러나 이 두 족속은 이스라엘을 계속 괴롭힌 족속들이다.

• 다시 이스라엘 백성이 하나님께 부르짖는다 (회개한다).

• 하나님께서 이스라엘 백성을 위하여 베냐민 사람 게라의 아들 왼손잡이 에훗(뜻: 고독한 자)을 사사로 세워 주신다. 아마도 모압 왕 에글론이 점령하고 있던 "종려나무 성읍"(여리고)이 베냐민 지파에 속해 있는 성읍이라 베냐민 지파 출신 에훗을 사사로 세워 주셨을 것이다.

이스라엘 자손이 모압 왕 에글론에게 공물(종주국에 바치는 조공물)을 바치고 있었을 때이다. "베냐민 사람 게라의 아들 왼손잡이 에훗"은 이스라엘이 매해 바치는 이 공물을 바치기 위하여 에글론에게 사절로 갔다. 에훗이 공물을 메고 온 자들을 보내고 왕에게 은밀한 일을 말하기 원한다고 말하니 왕이 주변 사람들을 물러가게 한다. 서늘한 다락방에 홀로 앉아 있는 에글론에게 "내가 하나님의 명령을 받들어 왕에게 아뢸 일이 있나이다"라고 말한다. 에글론 왕이 그의 좌석에서 일어났을 때, 에훗은 그의 왼손을 뻗쳐 그의 오른쪽 허벅지 위에서 칼을 빼어 왕의 몸을 찌르매 칼자루도 날을 따라 들어가서 그 끝이 에글론의 등 뒤까지 나갔고, 그가 칼을 그의 몸에서 빼내지 아니하였다. 에훗이 현관에 나와서 다락문들을 뒤에서 닫아 잠갔다.

에훗이 나간 후에 왕의 신하들이 들어와서 다락문들이 잠겨 있는 것을 보고 왕이 용변을 본다고 생각한다. 그들이 오래 기다려도 왕이 다락문들을 열지 아니하는 것을 보고 열쇠를 가지고 문을 열어 본즉 그들의 군주 에글론이 땅에 엎드려져 죽어 있었다.

그들이 기다리는 동안 에훗은 "돌 뜨는 곳"(돌로 우상을 조각하는 곳)을 지나 스이라(삼림 지역)로 도망하였다. 에훗은 에브라임 산지로 가서 이스라엘 자손에게 하나님께서 모압을 이스라엘의 손에 넘겨 주셨으니 자신을 따르라고 한다. 무리가 에훗을 따라 모압 맞은편 요단 강 나루를 장악하여 모압 사람 10,000명을 죽이는 승리를 거둔다. 모압이 이스라엘 수하에 굴복하매 그 땅이 80년 동안 평온을 지킨다.

사사기 3:31
사사 삼갈

➡ 말씀 속으로 ⬅

아낫의 아들 삼갈은 여섯 명의 소사사 가운데 한 사람이다. 사사 삼갈에 대하여는 알려진 내용이 전혀 없다. 삼갈이 어디서 누구와 싸우고 무슨 활동을 하였는지에 대한 정보를 제공하여 주지 아니하기 때문에 우리는 삼갈에 대하여 추리하여 알 수밖에 없다. 사사기 5:6-7에 따르면, 삼갈은 드보라와 바락과 같은 시대 사람이다. "아낫의 아들"은 아마도 납달리 벤아낫의 사람을 의미하는 말일 것이다 (1:33). 벤아낫은 갈릴리에 사는 사람을 뜻한다. 바락도 벤아낫 출신이다. 삼갈은 이스라엘 사람이 아니고, 가나안 사람이다.

삼갈은 혼자서 소 모는 막대기로 블레셋 사람 600명을 죽였고 이스라엘을 구원하였다. 우리는 삼갈이 소 모는 막대기로 블레셋 사람 600명을 죽일 수 있었던 내용에 대하여 알 길이 없지만 삼갈의 이야기는 하나님의 능력이 삼갈에게 함께하셨음이 분명함을 알 수 있다.

사사기 4:1-5:31
사사 드보라

━► 주요 메시지

4장과 5장은 같은 내용인데, 4장은 기드온과 바락과 야엘이 야빈과 그의 장군 시스라의 손에서 이스라엘 백성을 구하여 주는 내용을 소개하여 준다면, 5장은 그 구원받은 것을 시적으로 축하하는 내용이다.

사사기 4:1-24
드보라와 바락과 야엘

━► 말씀 속으로 ◄━

4:1-3. 이스라엘 백성이 모압 사람들로부터 억압을 당했을 때 하나님은 사사 에훗을 통해 그들을 구원하여 주셨다.

• 그러나 에훗이 죽은 후 이스라엘 자손이 또 하나님의 목전에 악을 행한다.

• 여호와는 하솔(갈릴리 북쪽에 위치해 있음, 수 11:5,7)에서 통치하는 가나안 왕 야빈과 하로셋학고임(이방의 하로셋이라는 뜻)에서 거주하는 시스라를 기손 강으로 모은다. 하로셋학고임은 갈멜 산 근처에 있었고, 이스르엘 골짜기 서쪽에 있었다. 하나님은 야빈의 장군 시스라의 손에 이스라엘을 넘겨 주셨다. 야빈과 시스라는 철 병거 900대가 있어 20년 동안 이스라엘 백성을 억압한다.

• 다시 이스라엘 자손이 하나님께 울부짖는다 (회개한다).

• 그 때에 하나님은 랍비돗의 아내 여선지자 드보라(벌이라는 뜻)를 사사로 세워 주시고, 드보라를 도왔던 바락과 야엘을 들어 쓰시어 이스라엘 백성을 구원하여 주신다.

4:4-10. 드보라는 가정주부였고, 여선지자였고, 재판관이었고, 사사였다. 드보라는 에브라임 산지 라마와 벧엘 사이에서 살고 있었다. 드보라는 아비노암의 아들 바락(뜻: 벼락)을 납달리 게데스에서 동역자로 부른다. 드보라는 바락에게 하나님께서 명하시니 납달리와 스불론 자손들과 함께 다볼 산으로 가라고 한다. 다볼 산은 스불론 지파와 납달리 지파와 잇사갈 지파 경계들이 서로 만나는 지점에 있는 산이다. 드보라는 자신이 야빈의 군대 장관 시스라와 그의 병거들과 그의 무리를 기손 강으로 이끌어 바락에게 이르게 하고 그를 바락의 손에 넘겨 주겠다고 한다. 그 때 바락은 드보라에게 "만일 당신이 나와 함께 가면 내가 가려니와 만일 당신이 나와 가지 아니하면 나도 가지 아니하겠노라"고 주저하면서 대답한다. 드보라는 바락의 요청대로 "내가 반드시 너와 함께 가리라"고 말하고 바락과 함께 게데스로 간다. 바락이 스불론과 납달리를 게데스로 부르니 10,000명이 따라 올라온다.

4:11-16. 모세의 장인 호밥의 자손 중 겐 사람 헤벨이 바락이 군사들을 데리고 다볼 산에서 오는 것을 야빈의 장군 시스라에게 알려 준다. 성경에서 모세의 장인 이름은 르우엘 (출 2:18) 또는 이드로(출 3:1)로 나타난다. 그러면 호밥은 누구인가? 학자들 간에는 호밥이 모세의 처남이었다고 생각하는 사람들도 많이 있다. 여기서 "장인"으로 번역된 히브리어 "호텐"은 "처남"이라는 뜻도 있기 때문이다. 개역개정도 이 이슈를 각주에 명시한다.

하나님께서 바락 앞에서 시스라와 그의 모든 병거와 온 군대를 칼날로 혼란에 빠지게 하시매 시스라가 병거에서 내려 걸어서 도망한다. 바락이 시스라의 병거들과 군대를 추격하여 하로셋학고임에 이르니 시스라의 온 군대가 다 칼에 엎드러졌고 한 사람도 남은 자가 없었다. 어떻게 그렇게 승리하게 되었을까? 하나님께서 앞서 나가셨기 때문이다.

4:17-24. 시스라는 도망하여 겐 사람 헤벨(뜻: 동맹)의 아내 야엘(뜻: 들염소)의 장막으로 도망친다. 하솔의 왕 야빈과 겐 사람 헤벨은 서로 평화롭게 지내던 사이이다. 야엘은 나가 시스라를 영접하여 들어와서 이불로 그를 덮어 준다. 시스라가 물을 달라고 청했을 때, 야엘은 시스라에게 우유를 준다. 그리고 시스라는 야엘에게 "사람이 와서 네게 묻기를 여기 어떤 사람이 있느냐 하거든 없다고 해 달라"고 부탁한다. 헤벨의 아내 야엘은 여기서 시스라가 쫓기고 있는 사람이라는 사실을 알게 된다. 시스라가 깊이 잠들어 있었을 때 헤벨의 아내 야엘이 장막 말뚝을 가지고 손에 방망이를 들고 그에게로 가만히 가서 말뚝을 그의 관자놀이에 박으매 말뚝이 꿰뚫고 땅에 박히니 그가 죽는다. 다시 한번 하나님은 가나안 여자를 들어 쓰신다.

바락이 시스라를 추격할 때에 야엘이 나가서 그를 영접하면서 그에게 "오라 네가 찾는 그 사람을 내가 네게 보이리라"고 말한다. 바락이 그에게 들어가 보니 시스라가 엎드려져 죽었고 말뚝이 그의 관자놀이에 박혀 있었다. 이 날에 하나님이 가나안 왕 야빈을 이스라엘 자손 앞에 굴복하게 하셨고, 마침내 가나안 왕 야빈을 전멸하셨다.

5:1-11. 5장은 한 편의 긴 시이다. 드보라는 가나안 야빈 왕과 시스라와 싸우기 위해 각처에서 지원병을 모집해야 했다. 그 때 이스라엘의 지도자들은 앞장서서 인도하고, 백성은 즐거이 헌신했으니 하나님을 찬양하라고 한다. 과거에도 하나님께서 전쟁을 지휘하시어 승리를 주셨고, 지금도 승리를 주시니 하나님을 찬양하라고 한다.

"땅이 진동하고 하늘이 물을 내리"는 것은 출애굽 때 나타났던 하나님의 놀라우신 권능과 임재를 뜻한다. 하나님께서 임재하고 계시니 찬양하라고 한다.

"삼갈의 날", "야엘의 날", "드보라의 날"은 야빈의 압제 아래 이스라엘이 고통을 받던 날들을 말한다. 이 날에 대로

가 비어 있었다. 큰길에는 발길이 끊어져 있었다는 뜻이다. 의로운 자들이 박해하는 자들의 공격을 무서워하였기 때문이다. 사람들은 오솔길로 피하여 다니고, 이스라엘의 어머니 드보라가 오기까지 농사 짓는 것도 장사도 하지 않고 있었다. 성문에 전쟁이 들이닥쳤는데, 40,000명의 군인들 가운데 방패와 창을 가진 사람도 없었다. 그렇게 된 이유는 이스라엘 백성이 "새 신들을" (우상들을) 택하였기 때문이다. 그러나 하나님은 드보라를 통하여 권능으로 임하여 주셨다. 그러니 하나님을 찬양하라고 한다.

흰 나귀를 타고 다니는 지도자들도, 양탄자를 깔고 집에 앉아 있는 사람도, 일과 전쟁을 하는 사람도 모두 일상생활 속에서 하나님의 의로우신 업적을 찬양하라는 것이다.

5:12-18. 드보라는 백성이 즐거이 하나님을 위하여 헌신한 것을 찬송하라고 한다. 여섯 지파(에브라임, 베냐민, 서쪽 므낫세 반, 스불론, 잇사갈, 납달리)가 힘을 합하여 지원군을 보내준 것을 찬양하라고 한다.

5:19-23. 가나안의 바알 신을 숭배하는 자들이 별들을 숭배하였으나 오히려 창조주 하나님께서는 그 별들을 들어 쓰시어 시스라와 싸워 이기게 하여 주셨다. 기손 강은 그 무리를 표류시키어 승리를 안겨 주셨다. 하나님께서 폭풍을 몰고 오셔서 홍수를 일으키시는 바람에 그들이 병거를 전혀 사용할 수 없어 승리를 거둘 수 있었다. 신실하신 하나님께서 이스라엘 백성을 위하여 자연의 힘을 들어쓰신 것을 찬양하라고 한다.

5:24-31. 헤벨의 아내 야엘을 주신 하나님을 찬양하라. 야엘은 물을 달라고 한 시스라에게 우유를 주었고, 장막 말뚝으로 시스라의 관자놀이를 쳐서 죽인 여자이다. 시스라는 야엘의 발 앞에 꾸부러지며 엎드러져 죽었다. "여호와여 주의 원수들은 다 이와 같이 망하게 하시고 주를 사랑하는 자들은 해가 힘있게 돋음 같게 하시옵소서."

사사기 6:1-9:57
사사 기드온과 아비멜렉

━▶ 주요 메시지

사사 기드온은 잘한 일도 있고 잘못한 일도 있다. 기드온이 잘한 일은 가나안 사람들이 세운 우상을 제거한 것이고, 미디안 사람들로부터 40년 동안 평온을 지킨 것이다. 그리고 기드온이 잘못한 일은 금으로 에봇(우상)을 만들어 그의 집에 올무가 되게 한 것이다.

사사기 6:1-40
기드온이 부름을 받다

━▶ 말씀 속으로 ◀━

6:1-13. • 사사 드보라로 인하여 그 땅이 40년 동안 평온하게 지내던 이스라엘 자손은 하나님의 목전에 또 악을 행하였다.

• 하나님은 칠 년 동안 그들을 미디안의 손에 넘겨주셨다. 미디안(아브라함의 후처인 그두라의 후손)과 아말렉(에서의 아들 엘리바스와 그의 첩 딤나 사이에 난 아말렉의 후손들)과 동방 민족들(정확하게 알 수 없음. 아마 시리아 사막에 살던 다른 아말렉 민족일 것임)은 연맹을 조직하여 강한 군사력을 가지고 이스라엘이 파종한 때면 토지 소산을 멸하여 먹을 것과 가축을 남겨 두지 아니하여 이스라엘은 심한 빈곤 가운데 있었다.

• 이에 이스라엘 자손이 하나님께 부르짖었다.

• 하나님께서는 므낫세 지파 아비에셀 사람 요아스의 아들 기드온(뜻: 나무를 쪼개는 자)을 불러 사사로 세워 이스라엘을 구원하여 주신다.

기드온을 통해 우리는 이스라엘 백성이 가졌던 의심과

불안을 짐작할 수 있다. 기드온은 처음부터 용감한 사사가 아니었다. 그는 농부였다. 그는 미디안 사람들을 무서워하여 숨어서 타작을 할 정도로 겁이 많은 겁쟁이었다. 그러다가 하나님의 부르심을 받은 후 사사가 된다.

6:7-13. 하나님은 겁쟁이 기드온을 보호해 주시고 보살펴 주실까? 물론 하나님은 기드온을 보살펴 주신다. 기드온이 미디안 사람들에게 알려지지 아니하려고 포도주 틀에서 밀을 타작하고 있었을 때, 하나님의 사자가 기드온에게 나타나 "큰 용사여 여호와께서 너와 함께 계시도다"라고 말하여 준다. 기드온은 그에게 "여호와께서 우리와 함께 계시면 어찌하여 이 모든 일이 우리에게 일어났나이까… 여호와께서 우리를 버리사 미다안의 손에 우리를 넘겨 주셨나이다"(13절)라고 항의한다. 하나님께서 기드온에게 "너는 가서 이 너의 힘으로 이스라엘을 미디안의 손에서 구원하라"(14절)고 불러 주신다.

하나님의 사자가 아비에셀 (므낫세 지파) 사람 요아스의 아들 기드온에게 하나님께서 이스라엘 백성을 구원하여 애굽에서 출애굽 하던 내용을 말하여 준다. 그 이유는 이스라엘 백성의 불순종을 꾸짖기 위하여 과거에 하나님께서 이스라엘 조상들에게 행하신 일과 가나안 땅을 이스라엘 백성에게 넘겨 주신 것과 하나님께서 행하여 주신 축복을 만끽하지 못하고 있음을 상기시켜 주기 위함이다.

6:14-24. 누가 미디안 족속을 대항하여 싸울 것인가? 물론 기드온이 싸울 것이다. 그러나 기드온은 미디안과 싸울 준비가 되어 있던 사람이 아니었다. 오히려 기드온은 "오 주여 내가 무엇으로 이스라엘을 구원하리이까 보소서 나의 집은 므낫세 중에 극히 약하고 나는 내 아버지 집에서 가장 작은 자니이다"라고 여호와께 응답한다. 하나님은 기드온에게 "내가 반드시 너와 함께 하리니 네가 미디안 사람 치기를 한 사람을 치듯 하리라"고 약속해 주신다.

그 때 기드온은 만일 내가 주께 은혜를 입었으면 표징을 내게 보여달라고 요청한다. "내가 예물을 가지고 다시 주께로 와서 그것을 주 앞에 드리기까지 이 곳을 떠나지 마시기를 원하나이다"라고 말한다. 하나님의 사자는 네가 돌아오기까지 머무르겠다고 말한다.

이 표징을 통하여 확신을 얻은 기드온은 가서 염소 새끼 하나를 준비하고 가루로 무교병을 만들어 상수리나무 아래 그에게로 가져 온다. 하나님의 사자는 기드온에게 "고기와 무교병을 가져다가 이 바위 위에 놓고 국을 부으라"고 한다. 기드온이 그대로 할 때, "여호와의 사자가 손에 잡은 지팡이 끝을 내밀어 고기와 무교병에 대니 불이 바위에서 나와 고기와 무교병을 살랐고 여호와의 사자는 떠나서 보이지" 아니하였다. 기드온이 여호와를 위하여 거기서 제단을 쌓고 그것을 "여호와 살롬"(평강의 여호와)이라 하였다.

6:25-32. 이스라엘의 신은 바알인가? 하나님이신가? 하나님께서 기드온에게 말씀하신다. (1) 네 아버지에게 있는 수소 곧 칠 년 된 둘째 수소를 끌어 오고, (2) 네 아버지에게 있는 바알의 제단을 헐며, (3) 그 곁의 아세라 상을 찍고, (4) 이 산성 꼭대기에 네 하나님 여호와를 위하여 규례대로 한 제단을 쌓고 그 둘째 수소를 잡아 네가 찍은 아세라 나무로 번제를 드리라고 명하신다. 사사는 하나님과의 관계가 바르게 서 있어야 한다는 뜻이다.

이에 기드온이 그의 종 열 사람을 데리고 여호와께서 그에게 말씀하신 대로 행한다. 기드온은 그의 아버지의 가문과 그 성읍 사람들을 두려워하므로 이 일을 감히 낮에 행하지 못하고 밤에 행한다.

그 성읍 사람들은 아침에 일찍 일어나서 바알의 제단이 파괴되어 있고 그 곁의 아세라가 찍혀 있고 하나님을 위해 새로 쌓은 제단 위에 그 둘째 수소가 드려진 것을 본다. 성읍 사람들은 이것이 요아스의 아들 기드온의 소행임을 알고 있다. 성읍 사람들은 기드온의 아버지 요아스에게 와서 기드온을 끌어내라고 위협한다. 요아스는 자기를 둘러선 모든 자에게 "너희가 바알을 위하여 다투느냐 너희가 바알을 구원하겠느냐 그를 위하여 다투는 자는 아침까지 죽임을 당하리라 바알이 과연 신일진대 그의 제단을 파괴하였은즉 그가 자신을 위해 다툴 것이니라"고 말한다. 그 날에 기드온을 "여룹바알"이라 불렀으니 이는 그가 바알의 제단을 파괴하였으므로 "바알이 그와 다툴 것이라" 즉, "바알을 대항하다"라는 뜻이다. 이 이야기는 왜 기드온이 바알하고 관련된 이름을 가지게 되었는지를 설명하여 주기도 한다.

6:33-40. 하나님은 나와 하신 약속을 지켜 주실까? 미디안은 연합군을 이루어 135,000명의 군사가 요단 강을 건너와서 이스르엘 골짜기에 진을 친다 (8:10). 그러나 기드온의 군사의 수는 모두 32,000명에 불과하다. 32,000명이 135,000명을 대적하여 싸울 수 있을까?

기드온은 다시 하나님의 징표를 구한다. "보소서 내가 양털 한 뭉치를 타작 마당에 두리니 만일 이슬이 양털에만 있고 주변 땅은 마르면 주께서 이미 말씀하심 같이 내 손으로 이스라엘을 구원하실 줄을 내가 알겠나이다" (37절). 이튿날 기드온이 일찍이 일어나서 양털에서 이슬을 짜니 물이 그릇에 가득하였다. 또 기드온이 하나님께 여쭈되 이번에는 "양털만 마르고 그 주변 땅에는 다 이슬이 있게 하옵소서"라고 요청한다. 그 밤에 양털만 마르고 땅에는 다 이슬이 있었다. 이것은 "힘으로 되지 아니하며 능력으로 되지 아니하고 오직 나의 영으로 되느니라"(슥 4:6)고 말씀하여 주신 하나님의 말씀을 상기시켜 주는 것이다.

━━▶ **생활 속으로**

☼ 하나님은 겁쟁이 기드온을 용감한 사사로 들어 쓰신다. 하나님은 나의 어떤 약점을 들어 강하게 쓰실 수 있을까?

7:1-25. 7장은 기드온이 32,000명의 군사를 300명의 소수로 축소시켜 미디안을 쳐서 승리를 거두는 이야기이다.

7:1-3. 기드온과 그를 따르는 군사들이 하롯 샘 (길보아 산기슭) 곁에 진을 쳤다. 그러나 하나님은 기드온에게 32,000명의 군사를 300명으로 축소시키라고 지시하신다. 물론 이것은 기드온이 군사의 힘을 의지하여 싸울 것인가 아니면 하나님의 능력을 의지하여 싸울 것인가를 알아보기 위한 것이다.

하나님은 기드온에게 군사들에게 말하여 "누구든지 두려워 떠는 자는 길르앗 산을 떠나 돌아가"게 하라고 명하신다. 두려워 떤다는 것은 하나님을 믿지 못하는 데서 생기는 것이기 때문이다. 그리고 전쟁을 하여 승리를 거둔다고 하더라도 이러한 사람들은 하나님보다는 자신을 내세우기 때문이다. 이에 돌아간 백성이 22,000명이요 남은 자가 10,000명이었다. 32,000명의 군사가 135,000명을 대항하여 싸울 숫자가 분에 넘치게 많다는 말인가!

7:4-8. 하나님은 남은 10,000명의 군사가 아직도 많다고 생각하신다. 하나님은 기드온에게 그들을 인도하여 물가로 내려가 더 걸러내라고 말씀하신다. "누구든지 개가 핥는 것 같이 혀로 물을 핥는 자들과 무릎을 꿇고 물을 마시는 자들도 따로 세우라"고 하신다. "개가 핥는 것 같이 혀로 물을 핥는 자들"은 주위를 살피며 신속하게 행동할 수 있는 자들을 뜻한다. 이렇게 주위를 살피며 신속하게 행동할 수 있는 자들의 수는 300명이다. 무릎을 꿇고 물을 마시는 자들은 전쟁하기에 너무 태평한 자들이다.

하나님께서 기드온에게 내가 이 물을 핥아 먹은 300명으로 너희를 구원하며 미디안을 네 손에 넘겨 주리니 남은 백성은 각각 자기의 처소로 돌아가게 하라고 말씀하신다. 이스라엘 백성에게 승리를 안겨주시는 분은 하나님이시지 자기들의 군사력이 아님을 분명하게 알려 주기 위함이다.

기드온은 하나님께서 말씀하신 대로 이스라엘 모든 백성을 각각 그의 장막으로 돌려보내고 300명은 머물게 한다. 미디안 진영은 그 아래 골짜기 가운데에 있었다.

7:9-15. 그 밤에 하나님께서 기드온에게 "일어나 진영으로 내려가라 내가 그것을 네 손에 넘겨 주었느니라"(9절)고 말씀하신다. 네 손에 넘겨 주었다는 것은 승리가 보장되어 있다는 뜻이다. 이 표현은 거룩한 전쟁에서 자주 쓰이는 표현이다. 만일 네가 내려가기를 두려워하거든 네 부하 부라와 함께 그 진영으로 내려가서 그들이 하는 말을 들으라고 하신다. 기드온이 그의 부하 부라와 함께 군대가 있는 진영 근처로 내려간즉 미디안과 아말렉과 동방의 모든 사람이 골짜기에 누웠는데 메뚜기의 많은 수와 같고 그들의 낙타의 수가 많아 해변의 모래처럼 많은 것을 본다.

기드온이 그 곳에 이르렀을 때, 어떤 사람이 그의 친구에게 자기가 꾼 꿈에 대하여 이야기하는 것을 들었다. "내가 한 꿈을 꾸었는데 꿈에 보리떡 한 덩어리가 미디안 진영으로 굴러 들어와 한 장막에 이르러 그것을 쳐서 무너뜨려 위쪽으로 엎으니 그 장막이 쓰러지더라." 그의 친구는 "이는 다른 것이 아니라 이스라엘 사람 요아스의 아들 기드온의 칼이라 하나님이 미디안과 그 모든 진영을 그의 손에 넘겨 주셨느니라"고 말한다. 기드온은 그 꿈과 해몽하는 말을 듣고 이스라엘에 돌아와 "일어나라 여호와께서 미디안과 그 모든 진영을 너희 손에 넘겨 주셨느니라"고 말한다.

7:16-25. 기드온은 300명을 100명씩 세 부대로 나누어 각 손에 나팔과 빈 항아리를 들리고 항아리 안에는 횃불을 감추게 하고 그들에게 말한다. "너희는 나만 보고 내가 하는 대로 하되 내가 그 진영 근처에 이르러서 내가 하는 대로 너희도 그리하여 나와 나를 따르는 자가 다 나팔을 불거든 너희도 모든 진영 주위에서 나팔을 불며 이르기를 여호와를 위하라, 기드온을 위하라"고 외치라고 명한다. 기

드온과 그와 함께한 100명이 이경 초에 진영 근처에 이른 즉 바로 파수꾼들을 교대한 때라 그들이 나팔을 불며 손에 가졌던 항아리를 부순다. 그 때 다른 200명도 나팔을 불며 항아리를 부수고 왼손에 횃불을 들고 오른손에 나팔을 들어 불며 "여호와와 기드온의 칼이다"라고 외쳤다. 세 부대가 삼면에서 오밤중에 나팔을 불며 항아리를 부수며 진영을 에워싸매 그 온 진영의 군사들이 뛰고 부르짖으며 도망하였는데 300명이 나팔을 불 때에 여호와께서 그 온 진영에서 친구끼리 칼로 치게 하시므로 적군이 도망하여 스레라의 벧 싯다에 이르고 또 답밧에 가까운 아벨므홀라의 경계에 이르렀으며 이스라엘 사람들은 납달리와 아셀과 온 므낫세에서부터 부름을 받고 미디안을 추격하였다.

히브리인들은 해지는 시간에서 해가 뜨는 시간까지를 삼등분하여 나누었다. 해질 때부터 10시까지가 초경, 10시부터 2시까지가 이경, 2시부터 해가 뜰 때까지가 삼경이었다. 기드온 10시부터 2시 사이에 전쟁을 한 셈이다.

기드온이 사자들을 보내서 에브라임 온 산지로 두루 다니게 하여 이르기를 내려와서 미디안을 치고 그들을 앞질러 벧 바라와 요단 강에 이르는 수로를 점령하라고 한다. 이에 에브라임 사람들이 다 모여 벧 바라와 요단 강에 이르는 수로를 점령하고, 미디안의 두 지도자 오렙(뜻: 까마귀)과 스엡(뜻: 늑대)을 사로잡아 와서 오렙은 오렙 바위에서 죽이고, 스엡은 스엡 포도주 틀에서 죽인다.

━▶ 생활 속으로

☼ 하나님께서 기드온의 믿음을 시험하여 보신 것처럼, 하나님이 나의 믿음을 시험해 보신다면 나의 믿음은 어떤 수준의 믿음으로 나타날까?

☼ 우리 각 사람은 나름대로 삶을 책임지고 살아가는 사람들인데, 어떻게 사는 삶이 하나님만 의지하며 사는 삶인가?

8:1-35. 8장에서 사사 기드온은 미디안의 왕들과 싸워 큰 승리를 거둔다.

8:1-3. 에브라임 사람들은 자기들이 분배받은 땅이 협소하다고 여호수아에게 불평한 적이 있었다. 에브라임 사람들은 기드온에게도 "네가 미디안과 싸우러 갈 때에 우리를 부르지 아니하였으니 우리를 이같이 대접함은 어찌 됨이냐" 하고 불평한다. 기드온은 그들에게 "내가 이제 행한 일이 너희가 한 것에 비교되겠느냐 에브라임의 끝물 포도가 아비에셀의 맏물 포도보다 낫지 아니하냐"라고 말한다. 하나님이 미디안의 지도자 오렙과 스엡을 너희 손에 넘겨 주셨으니 내가 한 일이 어찌 능히 너희가 한 것에 비교되겠느냐고 말한다. 기드온이 이 말을 하매 그 때에 그들의 노여움이 풀린다.

8:4-7. 기드온과 그와 함께한 300명의 군사가 요단 동쪽에 건너가 미디안의 왕들인 세바와 살문나를 추적하다가 피곤하여 갓 지파가 거주하는 숙곳 (얍복 강에서 북쪽으로 10마일/16km쯤 떨어진 곳) 사람들에게 먹을 것 좀 달라고 요청한다. 그러나 숙곳의 지도자들은 기드온과 300명의 군사들이 세바와 살문나를 대항하여 싸우고 있다는 사실을 알고 있음에도 불구하고 그들을 도와주었다가 세바와 살문나로부터 보복을 당할까봐 두려워하여 그들을 도와주지 아니한다. 기드온은 그들의 응답을 들은 후 "그러면 여호와께서 세바와 살문나를 내 손에 넘겨 주신 후에 내가 들가시와 찔레로 너희 살을 찢"겠다고 말한다.

8:8-9. 기드온의 군사가 숙곳에서 브누엘로 올라가서 그들에게도 그같이 구한즉 브누엘 사람들도 숙곳 사람들과 똑같이 대답한다. 브누엘은 숙곳에서 북쪽으로 9마일 (14km)쯤 위치한 곳이다. 야곱이 얍복 나루를 건너가기 전 그 곳에서 하나님을 대면하였다 하여 브누엘(뜻: 하나님의 얼굴)이라 칭한 데서 근원된 이름이다 (창 32:30).

기드온은 브누엘 사람들에게 내가 평안히 돌아올 때에 이 망대를 헐어버리겠다고 말한다.

8:10-21. 이 때에 세바와 살문나가 갈골에 있는데 동방 사람의 모든 군사 중에 칼 든 자 120,000명이 죽었고, 그 남은 15,000명 가량은 그들을 따라와서 거기에 있었다. 적군이 안심하고 있는 중에 기드온이 노바와 욕브하 동쪽 장막에 거주하는 자의 길로 올라가서 그 적진을 치니 세바와 살문나가 도망친다. 기드온이 그들의 뒤를 추격하여 사로잡고 그 온 진영을 격파한다.

기드온은 세바와 살문나를 친 후, 숙곳 사람들에게 "너희가 전에 나를 희롱하여 이르기를 세바와 살문나의 손이 지금 네 손 안에 있다는거냐 어찌 우리가 네 피곤한 사람들에게 떡을 주겠느냐 한 그 세바와 살문나를 보라"고 말한다. 그 성읍의 장로들을 붙잡아 들가시와 찔레로 숙곳 사람들을 징벌하고, 브누엘 망대를 헐며 그 성읍 사람들을 죽였다.

기드온은 세바와 살문나에게 "너희가 다볼에서 죽인 자들은 어떠한 사람들이더냐"고 묻는다. 그들은 "그들이 너와 같아서 하나 같이 왕자들의 모습과 같더라"고 대답한다. 기드온은 그들에게 말한다. "그들은 내 형제들이며 내 어머니의 아들들이니라 여호와께서 살아 계심을 두고 맹세하노니 너희가 만일 그들을 살렸더라면 나도 너희를 죽이지 아니하였으리라" 한다. 그의 맏아들 여델에게 그들을 죽이라 하였으나 그가 아직 어려서 두려워하여 죽이지 못하자 기드온이 일어나 세바와 살문나를 죽이고 그들의 낙타 목에 있던 초승달 장식들을 떼어서 가진다.

8:22-28. 그 때에 이스라엘 사람들이 기드온에게 "당신이 우리를 미디안의 손에서 구원하셨으니 당신과 당신의 아들과 당신의 손자가 우리를 다스리게 하라"고 청한다. 기드온이 그들에게 "내가 너희를 다스리지 아니하겠고 나

의 아들도 너희를 다스리지 아니할 것이요 여호와께서 너희를 다스리시리라"고 말해 준다. 기드온은 "여호와께서 영원무궁 하도록 다스리시"(출 15:18)는 분이시라는 사실을 잘 알고 있다.

기드온은 이스라엘 사람들에게 이스마엘 사람들로부터 탈취한 귀고리를 자기에게 내놓으라고 한다. 이스마엘 사람들은 바란 광야를 중심으로 무역상을 하였기 때문에 금품이 많았다. 이스라엘 사람들이 내놓은 금 귀고리의 무게가 금 1,700세겔이요, 또 초승달 장식들과 패물과 미디안 왕들이 입었던 자색 의복과 또 그 외에 그들의 낙타 목에 둘렀던 사슬이 있었다. 기드온은 그 금으로 에봇 하나를 만들어 자기의 성읍 오브라에 두었다. 원래 에봇은 제사장이 입은 옷이었으나 사사기에서는 우상과 관련되어 있다. 그 에봇은 기드온과 그의 집에 올무가 된다.

미디안은 이스라엘 자손 앞에 복종하여 기드온이 사는 40년 동안 그 땅이 평온하였다.

8:29-35. 오브라 고장에서 부름을 받은 기드온은 전쟁이 다 끝난 후 자기의 고향 오브라로 돌아갔다. 오브라는 므낫세 지파 성읍이었다. 그는 아내가 많아 그의 몸에서 낳은 아들이 70명이었다. 세겜에 있는 그의 첩도 아들을 낳았는데, 그 아들의 이름은 아비멜렉(나의 아버지는 왕이시다)이었다. 역설적이게도 아비멜렉은 스스로 왕으로 군림한다. 요아스의 아들 기드온은 죽은 후 아비에셀 사람의 오브라에 있는 그의 아버지 요아스의 묘실에 장사되었다.

기드온이 죽은 후 이스라엘 자손은 또 바알브릿(바일 신)을 자기들의 신으로 삼고 이스라엘 자손이 주위의 모든 원수들의 손에서 자기들을 건져내신 여호와 하나님을 기억하지 아니하였다. 또 여룹바알이라 하는 기드온이 이스라엘에 베푼 모든 은혜를 따라 그의 집을 후대하지도 아니하였다.

9:1-57. 기드온의 서자 아비멜렉의 이야기는 이스라엘 백성이 그들의 소견에 옳은 대로 행하였다는 또 다른 이야기이다. 이스라엘은 하나님과 맺은 언약을 잊고 바알브릿과 언약을 맺고 살아가고 있다. 그리고 7장과 8장이 외부에서 오는 박해에 대하여 기록하였다면, 9장은 이스라엘이 내부에서 오는 박해에 관한 이야기이다.

9:1-6. 기드온의 서자 아비멜렉은 하나님의 말씀에 순종하지 아니하고, 하나님의 허락 없이 왕이 되려고 사람들을 선동한다. 그는 에벨 산과 그리심 산 사이에 있는 세겜에 가서 가나안 사람들인 그의 어머니의 형제들과 외조부의 온 가족에게 "여룹바알의 아들 칠십 명이 다 너희를 다스리는 것과 한 사람이 너희를 다스리는" 것 중 어느 것이 너희에게 나으냐고 묻는다. 그의 어머니의 형제들이 이 모든 말을 세겜 사람들에게 전하니 그들의 마음이 아비멜렉에게 기울어져 그는 "우리 형제라" 하고, 바알브릿 신전에서 은 칠십 개를 내어 그를 후원하여 준다. 아비멜렉은 그 돈으로 방탕하고 경박한 사람들(불량배들)을 사서 자기를 따르게 하고, 오브라에 있는 그의 아버지의 집으로 가서 자기 형제 칠십 명 가운데 요담(뜻: 진실)만 죽이지 못하고 69명을 다 죽인다. 요담은 그가 숨어 있었기 때문에 죽이지 못한다.

이스라엘 자손은 왜 이러한 끔찍한 살인 사건을 방지하지 못했을까? 바로 전에 나온 8:33에서 이스라엘 자손의 사회 분위기를 잘 묘사하여 준다. 그들은 "주위의 모든 원수들의 손에서 자기들을 건져내신 여호와 자기들의 하나님을 기억하지 아니하"였기 때문이다 (8:34).

9:7-21. 세겜의 모든 사람과 밀로 모든 족속(아비멜렉의 외조부 전체 가문)이 모여서 세겜에 있는 상수리나무 기둥(기둥은 기념비를 뜻한다) 곁에서 아비멜렉을 왕으로 삼는다. 아비멜렉은 십계명 가운데 나 외에는 다른 신들을

섬기지 말라는 첫째 계명과 자기를 위하여 우상을 만들지 말라는 둘째 계명과 그의 형제 69명을 죽였기에 살인하지 말라는 여섯째 계명을 어긴 사람이다.

사람들이 요담에게 다른 형제들의 죽음을 알리매 요담은 그리심 산 꼭대기로 올라가서 목소리를 높여 "세겜 사람들아 내 말을 들으라 그리하여야 하나님이 너희의 말을 들으시리라"고 외쳐 말한다. 그러면서 쓸모없는 사람이 왕이 되려고 한다고 우화를 들어 말한다.

하루는 나무들이 나가서 기름을 부어 자신들 위에 왕으로 삼으려 하여 "감람나무"에게 "너는 우리 위에 왕이 되라"고 말한다. 감람나무가 그들에게 "내게 있는 나의 기름은 하나님과 사람을 영화롭게 하나니 내가 어찌 그것을 버리고 가서 나무들 위에 우쭐대리요"라고 말한다. 감람나무는 이스라엘의 주요 산물이요 일상생활에 필요한 필수품이다.

나무들이 또 "무화과나무"에게 "너는 와서 우리 위에 왕이 되라"고 말한다. 무화과나무가 그들에게 "나의 단 것과 나의 아름다운 열매를 내가 어찌 버리고 가서 나무들 위에 우쭐대리요"라고 말한다. 무화과나무는 일 년에 9개월 이상 계속 먹을 수 있는 과일을 제공하여 준다.

나무들이 또 "포도나무"에게 "너는 와서 우리 위에 왕이 되라"고 말한다. 포도나무가 그들에게 "하나님과 사람을 기쁘게 하는 내 포도주를 내가 어찌 버리고 가서나무들 위에 우쭐대리요"라고 말한다. 포도나무는 이스라엘의 주요 산물 가운데 하나이고, 일상생활에 필요한 필수품이다.

이에 모든 나무가 "가시나무"에게 "너는 와서 우리 위에 왕이 되라"고 말한다. 가시나무는 일상생활에 전혀 유용하지 아니한 나무이다. 오히려 가시가 사람들을 고통스럽게 만들 뿐이다. 이러한 나무가 다른 나무들에게 "만일 너희가 참으로 내게 기름을 부어 너희 위에 왕으로 삼겠거든 와서 내 그늘에 피하라 그리하지 아니하면 불이 가시나무에서 나와서 레바논의 백향목을 사를 것이니라"고 말한다. 요담은 아비멜렉이 그의 백성을 보호하지 못할 뿐만 아니라 파멸을 자초하는 행위라는 사실을 잘 알고 있었다. "만일 너희가 오늘 여룹바알과 그의 집을 대접한 것이 진실하고 의로운 일이면 너희가 아비멜렉으로 말미암아 기뻐할 것이요 아비멜렉도 너희로 말미암아 기뻐하려니와 그렇지 아니하면 아비멜렉에게서 불이 나와서 세겜 사람들과 밀로의 집을 사를 것이요 세겜 사람들과 밀로의 집에서도 불이 나와 아비멜렉을 사를 것이니라." 요담은 그의 형제 아비멜렉 앞에서 도망하여 피해서 브엘로 가서 거기에 거주한다.

9:22-33. 아비멜렉이 이스라엘을 다스린 지 삼 년만에 세겜 사람들이 아비멜렉에게 반란을 일으키기 시작한다. 이는 기드온의 아들 칠십 명을 죽여 피 흘린 죄를 그들의 형제 아비멜렉과 아비멜렉의 손을 도와 그의 형제들을 죽이게 한 세겜 사람들에게로 돌아가게 한 것이다. 세겜 사람들은 산꼭대기에 사람을 매복시켜 아루마에 거주하는 (9:41-42) 아비멜렉을 엿보게 하고 그 길로 지나는 모든 자를 다 강탈하게 하니 어떤 사람이 그것을 아비멜렉에게 알려 준다.

9:34-41. 에벳의 아들 가알이 이러한 기회를 타고 그의 형제와 더불어 세겜에 오니 아비멜렉에게 불만을 품은 세겜 사람들이 그를 신뢰한다. 그들이 포도주로 연회를 베풀고 그들의 신당에 들어가서 먹고 마시며 아비멜렉을 저주한다. 에벳의 아들 가알은 "아비멜렉은 누구며 세겜은 누구기에 우리가 아비멜렉을 섬기리요 그가 여룹바알의 아들이 아니냐 그의 신복은 스불이 아니냐 차라리 세겜의 아버지 하몰의 후손을 섬길 것이라 우리가 어찌 아비멜렉을 섬기리요 이 백성이 내 수하에 있었더라면 내가 아비멜렉을 제거하였으리라" 하고 (28-29절) 아비멜렉에게 네 군대를 증원해서 나오라고 말한다.

그 세겜 성읍의 지도자 스불은 에벳의 아들 가알의 말을 듣고 노하여 사자들을 아비멜렉에게 가만히 보내어 "보소서 에벳의 아들 가알과 그의 형제들이 세겜에 이르러 그 성읍이 당신을 대적하게 하니 당신은 당신과 함께 있는 백성과 더불어 밤에 일어나 밭에 매복하였다가 아침 해 뜰 때에 당신이 일찍 일어나 이 성읍을 엄습하면 가알 및 그와 함께 있는 백성이 나와서 당신을 대적하리니 당신은 기회를 보아 그에게 행하소서"(31-33절)라고 말한다.

9:42-49. 에벳의 아들 가알에 대한 이야기는 세겜 백성 가운데 아비멜렉의 왕권에 도전하여 반란을 일으키는 무리가 생겨나기 시작하였다는 것이다. 아비멜렉은 가알의 반란을 진압시키기 위하여 자기 백성을 세 무리로 나누어 밭에 매복시키고 백성이 성에서 나오는 것을 보고 일어나 그들을 친다. 아비멜렉과 그 떼는 돌격하여 성문 입구에 서서 지키고 두 무리는 밭에 있는 자들에게 돌격하여 그들을 죽인다. 아비멜렉이 그 날 종일토록 그 성을 쳐서 마침내는 점령하고 거기 있는 백성을 죽이며 반란을 일단 진압한다. 그리고 그 성을 헐고 소금을 뿌린다. 소금을 뿌리는 이유는 농사를 짓지 못하게 하기 위함이다.

세겜 망대의 모든 사람이 이를 듣고 엘브릿 신전(바알 신전)의 보루(히브리어로 옆방인데, 새번역은 "지하 동굴"로 번역하였고, 공동번역은 "밀실"로 번역하였다. 모두 요새를 뜻하는 표현들이다)로 들어간다. 1,000여 명이 들어갈 수 있는 보루니 좀 큰 보루인 것 같다. 세겜 망대의 모든 사람이 모인 것이 아비멜렉에게 알려지자 아비멜렉과 그와 함께 있는 모든 백성이 살몬 산에 오르고 아비멜렉이 손에 도끼를 들고 나뭇가지를 찍어 그것을 들어올려 자기 어깨에 메고 그와 함께 있는 백성에게 이르되 너희는 내가 행하는 것을 보나니 빨리 나와 같이 행하라 한다. 모든 백성도 각각 나뭇가지를 찍어서 아비멜렉을 따라 보루 위에 놓고 그것들이 얹혀 있는 보루에 불을 놓으매 세겜 망대에 있는 사람들이 다 죽었으니 남녀가 약 1,000명이었다.

9:50-57. 아비멜렉은 데베스에 가서 진 치고 그 곳을 점령하였다. "데베스"는 세겜 근처에 있는 성읍인데 데베스 사람들도 아비멜렉을 대항하여 반란을 일으켰다. 성읍 가운데 견고한 망대가 하나 있으므로 그 성읍 백성의 남녀 모두가 그 망대로 도망하여 들어가서 문을 잠그고 망대 꼭대기로 올라간다. 아비멜렉이 망대 앞에 이르러 공격하며 망대의 문에 가까이 나아가서 그것을 불사르려 한다. 그 때 한 여인이 맷돌 위짝을 아비멜렉의 머리 위에 내려 던져 그의 두개골을 깨뜨린다. 부상당한 아비멜렉은 자기의 무기를 든 청년을 급히 불러 그에게 "너는 칼을 빼어 나를 죽이라 사람들이 나를 가리켜 이르기를 여자가 그를 죽였다 할까 하노라"고 말한다. 그 청년은 아비멜렉을 찌르매 그가 죽는다. 이스라엘 사람들이 아비멜렉이 죽은 것을 보고 각각 자기 처소로 떠나간다.

하나님께서는 아비멜렉이 그의 형제들 69명을 죽여 자기 아버지에게 행한 악행의 값을 심판으로 보상해 주셨고 또 세겜 사람들이 저지른 모든 악행의 값을 심판하여 보상하여 주셨다. 기드온의 아들 요담의 저주가 그들에게 그대로 이루어졌다. 하나님은 그가 인정하지 아니하는 사람을 그대로 보고만 계시지 아니하신다.

▶생활 속으로

☼ 조선왕조 때부터 지금까지 한국 역사에서 가장 사악한 지도자를 치라면 누구일까? 왜 그렇게 생각하는가?
☼ 아비멜렉과 같은 정치인을 제거할 수 있는 최선의 방법은 무엇일까?
☼ 나도 모르는 사이에 나의 힘을 남용하는 것은 무엇이 있을까?

사사기 10:1-5
사사 돌라와 야일

➡️말씀 속으로⬅️

폭군 아비멜렉의 뒤를 이어서 잇사갈 사람 도도의 손자 부아의 아들 "돌라"가 일어나서 이스라엘을 구원한다. 우리는 돌라가 누구와 싸웠고, 어떻게 이스라엘을 구원하여 준 것에 대하여 알 수 없다. 돌라는 에브라임 산지 사밀(사마리아)에 거주하면서 이스라엘의 사사로 23년 동안 활동하다가 죽어 사밀에 장사되었다.

10:3-5. 그 후에 길르앗 사람 "야일"이 일어나서 22년 동안 이스라엘의 사사로 활동한다. 돌라와 마찬가지로 야일의 업적에 대하여 알려진 것은 전혀 없다. 야일에게는 아들이 30명이 있었는데 한 아들이 한 성읍을 가지고 있었는 듯하다 (대상 2:22 참조). 그 성읍들은 길르앗 땅에 있는데 하봇야일(야일의 마을)이라 부른다. 야일은 부자였음이 틀림없다. 야일은 죽어 가몬에 장사되었다.

사사기 10:6-12:7
사사 입다

➡️말씀 속으로⬅️

10:6. 이스라엘 자손이 또 하나님의 목전에 악을 행하여 바알들과 아스다롯, 아람의 신들, 시돈의 신들, 모압의 신들, 암몬 자손의 신들, 블레셋 사람들의 신들을 섬기고 하나님을 버리고 그를 섬기지 아니하였다.

10:7-9. 하나님께서 이스라엘에게 진노하사 블레셋 사람들과 암몬 자손의 손에 그들을 넘겨주신다. 그 해에 그들이 요단 동쪽 길르앗에 있는 아모리 족속의 땅에 있는 모든 이스라엘 자손을 쳤으며 18년 동안 억압하였다.

암몬 자손은 또 요단을 건너서 유다와 베냐민과 에브라임 족속과 싸우므로 이스라엘이 많은 어려움을 당했다.

10:10-14. 이스라엘 자손은 "우리가 하나님을 버리고 바알들을 섬김으로 주께 범죄하였나이다"라고 하나님께 부르짖었다 (회개하였다).

하나님께서 이스라엘 자손에게 "내가 애굽 사람과 아모리 사람과 암몬 자손과 블레셋 사람에게서 너희를 구원하지 아니하였느냐"고 말씀하신다. 또 시돈 사람과 아말렉 사람과 마온 사람이 너희를 압제할 때에 너희가 내게 부르짖으므로 내가 너희를 그들의 손에서 구원하였거늘, "너희가 나를 버리고 다른 신들을 섬기니 그러므로 내가 다시는 너희를 구원하지 아니하리라 가서 너희가 택한 신들에게 부르짖어 너희의 환난 때에 그들이 너희를 구원하게 하라"고 진노하여 말씀하신다.

10:15-16. 이스라엘 자손은 "우리가 범죄하였사오니 주께서 보시기에 좋은 대로 우리에게 행하시려니와 오직 주께 구하옵나니 오늘 우리를 건져내옵소서"라고 부르짖는다 (회개한다).

10:17-18. 이스라엘 자손이 암몬 자손에게 조공을 바치며 18년 동안 살다가 암몬 자손에게 반항을 한 것 같다. 이 반항을 진압하기 위하여 암몬 자손이 길르앗에 진을 쳤다. 이스라엘 자손도 미스바에 진을 쳤다. 미스바는 입다가 살던 곳이다 (11:34). 이스라엘 사람들은 암몬 사람들과 싸울 수 있는 지도자를 찾고 있었다.

사사시대에 요단 동쪽에는 여러 족속이 밀접해 살고 있었다. 이스라엘의 르우벤 지파, 갓 지파, 므낫세 반 지파뿐만 아니라, 최남단에는 미디안 자손, 그 다음 북쪽으로 에돔 자손, 모압 자손, 암몬 자손, 길르앗 자손, 바산 자손이 살고 있었다.

11:1-3. 사사 입다의 이야기는 주로 요단 동쪽 르우벤과

갓과 므낫세 반 지파들이 살고 있는 지역과 관계된 이야기이다. 그리고 사사 입다의 이야기는 이스라엘을 구하기 위하여 하나님께 초점을 맞추기보다는 큰 용사 입다 개인에게 초점이 맞추어진다. (1) 입다는 기생에게서 태어난 사람이었다. (2) 입다는 본부인의 아들들로부터 상속 때문에 미움을 받은 사람이었다. (3) 입다는 건달배들과 함께 생활하던 사람이었다.

11:4-11. 암몬 자손이 이스라엘을 치려할 때에 길르앗 장로들이 입다를 데려오려고 돕(요단 동쪽에 있는 땅)에 가서 "우리가 암몬 자손과 싸우려 하니 당신은 와서 우리의 장관이" 되어달라고 간청한다. 입다가 길르앗 장로들에게 너희가 나를 데리고 고향으로 돌아가서 암몬 자손과 싸우게 할 때에 만일 여호와께서 그들을 내게 넘겨 주시면 내가 과연 너희의 머리가 되겠느냐고 말한다.

"길르앗 장로들이 입다에게 하나님은 우리 사이의 증인이시니 당신의 말대로 우리가 그렇게 행하리이다"라고 대답한다. 입다가 길르앗 장로들과 함께 가니 백성이 그를 자기들의 지도자로 삼는다. 이 부분에는 입다가 하나님으로부터 사사로 부름을 받는 이야기가 없다. 입다는 미스바에서 자기의 말을 다 하나님 앞에 아뢰면서 이것을 정치적인 기회로 생각하지를 아니하고 하나님을 섬기는 기회로 삼는다.

11:12-28. 입다는 암몬을 치기 전에 평화적으로 해결하려고 한다. 그래서 암몬의 왕에게 사자들을 보내어 "네가 나와 무슨 상관이 있기에 내 땅을 치러 내게 왔느냐"고 묻는다. 암몬 자손의 왕은 입다의 사자들에게 "이스라엘이 애굽에서 올라올 때에 아르논에서부터 얍복과 요단까지 내 땅을 점령했기 때문이니 이제 그것을 평화롭게 돌려 달라"고 대답한다. 그 때 입다는 암몬 자손들이 이스라엘 대하여 잘못 알고 있는 네 가지를 말하여 준다.

11:14-22. 첫째로, 암몬 자손은 역사적인 사실을 잘못

알고 있다는 것이다. 이스라엘이 애굽에서 올라올 때에 광야로 행하여 홍해에 이르고 가데스에 이르러서는 모세가 사자들을 에돔 왕과 모압 왕에게 보내어 "나를 네 땅 가운데로 지나게 하라" 하였으나 그들이 그 모세의 요청을 듣지 아니하였고 또 허락하지 아니하므로 이스라엘이 가데스에 머물게 되었다고 말해 준다. 그리고 모세가 아모리 족속 헤스본 왕 시혼에게 사자들을 보내어 "우리를 당신의 땅으로 지나 우리의 곳에 이르게 하라"고 청하였으나 시혼이 이스라엘을 믿지 아니하여 그의 지역으로 지나가지 못하게 하였을 뿐만 아니라 그의 모든 백성을 모아 야하스에 진 치고 이스라엘을 치므로 이스라엘의 하나님 여호와께서 시혼과 그의 모든 백성을 이스라엘의 손에 넘겨 주시매 이스라엘이 그들을 쳐서 그 땅 주민 아모리 족속의 온 땅을 점령하되 아르논에서부터 얍복까지와 광야에서부터 요단까지 아모리 족속의 온 지역을 점령하게 되었다고 말해 준다.

11:23-24. 둘째로, 암몬이 잘못 알고 있는 것은 모압이 암몬의 땅이 아니라는 사실이다. 이스라엘의 하나님 여호와께서 이같이 아모리 족속을 자기 백성 이스라엘 앞에서 쫓아내셨거늘 네가 그 땅을 차지하려고 하느냐고 되묻는다.

"그모스"는 모압 족속의 신의 이름이다.

11:25-26. 셋째로, 암몬이 잘못 알고 있는 것은 연대를 잘못 알고 있다는 것이다. 이스라엘이 그 땅에 300년 동안이나 살고 있었다는 것이다. 그런데 왜 지금 와서 그 땅을 차지하려는 것이냐는 질문이다.

11:27-28. 넷째로, 암몬이 잘못 알고 있는 것은 입다가 암몬 전쟁을 선포한 것이 아니라 암몬이 이스라엘에게 전쟁을 선포했다는 것이다.

11:29-33. 이에 입다는 하나님께 서원한다. 서원은 자원해서 하는 것이지만, 일단 하나님께 서원하면 그 서원을

깨뜨리지 말고 다 지켜야 한다 (민 30:1-2). "주께서 과연 암몬 자손을 내 손에 넘겨 주시면 내가 암몬 자손에게서 평안히 돌아올 때에 누구든지 내 집 문에서 나와서 나를 영접하는 그는 여호와께 돌릴 것이니 내가 그를 번제물로 드리겠나이다"라고 서원을 한다. 이에 하나님은 입다의 손에 암몬 자손을 넘겨 주신다. 아로엘에서부터 민닛에 이르기까지 20성읍을 치고 또 아벨 그라밈까지 매우 크게 무찌르니 이에 암몬 자손이 이스라엘 자손 앞에 항복하였다.

11:34-40. 입다가 전쟁에서 크게 승리를 거두고 미스바에 있는 자기 집에 돌아왔을 때, 그의 딸이 소고를 잡고 춤추며 나와서 입다를 영접한다. 그녀는 입다의 무남독녀이다. 입다가 이를 보고 자기 옷을 찢으며 "어찌할꼬 내 딸이여 너는 나를 참담하게 하는 자요 너는 나를 괴롭게 하는 자 중의 하나로다 내가 여호와를 향하여 입을 열었으니 능히 돌이키지 못하리로다"라고 말한다. 그 딸이 입다에게 말한다. "나의 아버지여 아버지께서 여호와를 향하여 입을 여셨으니 아버지의 입에서 낸 말씀대로 내게 행하소서 이는 여호와께서 아버지를 위하여 아버지의 대적 암몬 자손에게 원수를 갚으셨음이니이다"라고 말한다.

또 입다의 딸은 그녀의 아버지에게 "이 일만 내게 허락하사 나를 두 달만 버려 두소서 내가 내 여자 친구들과 산에 가서 나의 처녀로 죽음을 인하여 애곡하겠나이다"라고 말한다. 입다는 딸의 요청을 들어준다. 입다의 딸은 "친구들과 가서 산 위에서 처녀로 죽음을 인하여 애곡하고 두 달만에 그의 아버지에게로 돌아온지라 그는 자기가 서원한 대로 딸에게 행하니 딸이 남자를 알지 못하였더라." 이것이 전통이 되어 이스라엘의 딸들은 해마다 가서 길르앗 사람 입다의 딸을 위하여 나흘씩 애곡한다. 입다의 불행은 입다 자신이 자초한 것이다. 그러나 입다와는 달리 입다의 딸은 자기가 살아남기 위하여 협상을 하지 아니한다.

12:1-7. 에브라임 사람들은 기드온에게 불평했던 것처럼 (8:1-3), 입다에게도 불평한다. "네가 암몬 자손과 싸우러 건너갈 때에 어찌하여 우리를 불러 너와 함께 가게 하지 아니하였느냐 우리가 반드시 너와 네 집을 불사르리라"고 위협한다. 입다는 "나와 내 백성이 암몬 자손과 크게 싸울 때에 내가 너희를 부르되 너희가 나를 그들의 손에서 구원하지 아니한 고로 나는 너희가 도와 주지 아니하는 것을 보고 내 목숨을 돌보지 아니하고 건너가서 암몬 자손을 쳤더니 여호와께서 그들을 내 손에 넘겨 주셨거늘 너희가 어찌하여 오늘 내게 올라와서 나와 더불어 싸우고자 하느냐"고 말한다.

입다는 길르앗 사람을 모아 에브라임과 싸웠으며 길르앗 사람들은 에브라임을 쳐서 무찔렀다. 에브라임 사람들은 길르앗 사람이 본래 에브라임 지파 사람들이었는데 도망하여 므낫세 지파 땅에 산재하여 살고 있다고 그들을 비하해서 말했었다. 길르앗 사람은 에브라임 사람보다 앞서 요단 강 나루턱을 장악하고 그 곳을 지나가는 사람들에게 "쉽볼렛"을 발음해 보라고 한후 "십볼렛"이라 발음하면 그를 잡아서 죽였다. 왜냐하면 에브라임 사람은 "쉬" 발음을 하지 못했기 때문에 금방 알 수 있었다. 이것은 한인들 가운데에서도 "ㅆ"을 "ㅅ"으로 발음하는 것과 같은 것이다. 그 때에 42,000명의 에브라임 사람이 죽었다. 입다는 이스라엘의 사사로 육 년 동안 일하다가 죽고, 길르앗에 있는 그의 성읍에 장사되었다.

━━▶ 생활 속으로

☼ 하나님은 나의 어떤 약점을 들어 쓰시면서 하나님의 목적을 달성하고 계실까?

☼ 입다는 자기의 외동딸을 희생하면서도 하나님과 맺은 약속을 이행하였다. 나는 하나님과 한 약속을 얼마나 신실하게 지키고 있는가?

사사기 12:8-12
사사 입산과 엘론

➡️ 말씀 속으로 ⬅️

12:8 그 뒤를 이어 베들레헴의 "입산"(뜻: 동작이 빠르다)이 이스라엘의 사사가 되었다. 입산은 아들 30명과 딸 30명을 두었다. 자식이 많다고 하는 것은 하나님으로부터 축복을 받은 사람이요 사회적으로 권력이 있다는 것을 상징하여 주는 표현이다 (시 127:3). 입산은 딸들을 밖으로 시집 보냈고 아들들을 위하여는 밖에서 여자 30명을 데려왔다.

입산은 이스라엘의 사사로 칠 년 동안 활동하다가 죽어 베들레헴에 장사되었다.

입산의 뒤를 이어 스불론 사람 "엘론"이 이스라엘의 사사가 되어 10년 동안 이스라엘의 사사로 활동한다. 그러나 우리는 엘론이 누구와 싸웠고, 무슨 일을 했는지 전혀 알 길이 없다. 스불론 사람 엘론이 죽으매 스불론 땅 아얄론에 장사되었더라.

사사기 12:13-15
사사 압돈

12:13. 그 뒤를 이어 비라돈 (에브라임 지파의 땅이며 아말렉 족속 접경지에 있는 땅) 사람 힐렐의 아들 "압돈"(뜻: 섬긴다)이 이스라엘의 사사가 되었다. 압돈에게는 아들 40명과 손자 30명이 있어 어린 나귀 70마리를 타고 다녔다. 압돈은 이스라엘의 사사로 팔 년 동안 활동하였다. 비라돈 사람 힐렐의 아들 압돈이 죽으매 에브라임 땅 아말렉 사람의 산지 비라돈에 장사되었다.

사사기 13:1-16:31
사사 삼손

▶ 주요 메시지

지금까지 사사기 저자는 예측하지 못한 사람들이 이스라엘 백성이 죄를 많이 지었음에도 불구하고 자비하신 하나님께서 이스라엘을 구원하여 주신 이야기들을 소개하여 주었다. 마지막 사사 삼손에 와서는 하나님께서 이스라엘을 구원하여 주셨다는 이야기가 없다. 대신에 하나님이 함께하여 주실 때 삼손이 강해지고, 하나님이 함께하시지 아니하면 그는 연약한 인간으로 어려움을 당하는 이야기만 해줄 뿐이다.

"삼손"의 이름은 "태양" 혹은 "화창하다"는 뜻이다. 사사기는 네 장에 걸쳐 삼손의 이야기를 들려준다. 그는 낮에는 블레셋을 대항하여 싸우고, 밤에는 하나님의 명령에 순종하지 않는 사람이었다. 다른 11명의 사사들과 달리 삼손 시대에는 40년 동안 이스라엘 백성이 하나님께 구원해 달라고 부르짖은 이야기가 없다. 15:9-13에 따르면, 이스라엘 백성은 블레셋 사람들과 함께 사는 것을 불편스럽게 생각하지 않고 있던 것 같다. 그리고 삼손이 사사로 개입하는 것을 그렇게 달갑게 생각하지 않았던 것 같다.

삼손은 맨손으로 사자를 염소 새끼 찢듯이 그 찢는 힘이 센 사람이다 (14:5-6). 그는 아스글론에 내려가서 그 곳 사람 30명을 쳐죽인 사람이다 (14:19). 그는 여우 300마리를 잡아서 여우 꼬리에 불을 지른 사람이다 (15:3-5). 그는 그의 팔을 결박했던 밧줄을 힘으로 끊은 사람이다 (15:14). 그는 나귀의 턱뼈로 1,000명을 죽인 사람이다 (15:15). 그는 성 문짝들과 문설주와 문빗장을 빼어 어깨에 메고 헤브론 앞산 꼭대기까지 간 사람이다 (16:3). 그는 다곤 신전의 두 기둥을 무너뜨려 그 안에 있던 많은 지도자를 죽인 사람이다 (16:30). 그러나 삼손은 소경이 되어 비참하게 죽는다.

사사기 13:1-23
사사 삼손

➡️ 말씀 속으로 ⬅️

13:1-2. 이스라엘 자손이 다시 하나님의 목전에 악을 행하였다. 하나님께서 그들을 40년 동안 블레셋 사람의 손에 넘겨 주신다.

블레셋 사람은 주전 12세기에 그리스에서 가나안으로 이주해 와 지중해 해변을 끼고 살던 사람들이었다. 역사적으로 이스라엘 백성은 블레셋의 다섯 군주(가사, 아스돗, 아스글론, 가드, 에그론 족속)로부터 어려움을 당했고 (삿 3:1-4), 삼갈 시대 (3:31), 입다 시대 (10:7), 삼손 시대에도 40년 동안 블레셋으로부터 어려움을 당하고 있었다. 삼손은 20년 동안 사사로 활동하였다. 사사 삼손의 이야기는 하나님의 임재와 권능을 알려 주는 이야기이다.

소라 땅에 단 지파의 가족 중에 마노아라고 하는 사람이 살고 있었다. "소라"는 예루살렘에서 서쪽으로 약 15마일 떨어져 있는 이스라엘과 블레셋 경계선 지점에 위치하고 있었다. 단 지파는 제일 마지막으로 땅을 분배받은 지파인데, 다른 지파들과는 달리 여호수아가 처음에 분배하여 준 땅에 정착하지를 못했다. 6만 명 이상이 좁은 땅에서 살기가 힘들어서였고 또한 블레셋의 세력 때문이었다. 그래서 일부는 이스라엘 최북단 라이스로 이주하여 가서 그 곳에 정착하였다. 이주하여 간 사람들을 따라가지 아니하고 분배받은 땅에 남아 있던 사람들이 수함 가족이다 (민 26:42-43). 그래서 "단 지파의 가족 중에"라고 말하는 것이다.

13:3-7. 하나님의 사자가 마노아의 아내에게 나타나서 "네가 본래 임신하지 못하므로 출산하지 못하였으나 이제 임신하여 아들을 낳으리니 그러므로 너는 삼가 포도주와 독주를 마시지 말며 어떤 부정한 것도 먹지 말라"고 말해 준다. "네가 임신하여 아들을 낳으리니 그의 머리 위에 삭도를 대지 말라 이 아이는 태에서 나옴으로부터 하나님께

바쳐진 나실인이 될 것이라"고 말해 준다. 그리고 그가 블레셋 사람의 손에서 이스라엘을 구원하기 시작할 것이라고 말해 준다. 삼손은 태어날 때부터 이스라엘을 구원할 사명을 가지고 태어났다.

마노아의 아내는 그의 남편에게 가서 "하나님의 사람이 내게 오셨는데 그의 모습이 하나님의 사자의 용모 같아서 심히 두려우므로 어디서부터 왔는지를 내가 묻지 못하였고 그도 자기 이름을 내게 이르지 아니하였다"고 말하면서 그 사자가 말해 준 내용을 그녀의 남편에게 들은 대로 말해 준다.

민수기 6:1-21에 따르면, 나실인들은 그들의 삶을 하나님께 바치겠다고 서원한 사람들이다. "나실인"은 머리에 칼날을 대지 아니하고 (긴 머리는 거룩함을 상징, 민 6:5), 포도주를 마시지 아니하고, 죽은 몸을 만지지 아니하며 (죽은 몸을 만지면 머리를 깎고 칠 일 동안 정결예식을 가져야 했음) 하나님께 충성을 다하겠다고 서원한 그룹의 사람들이었다. 그러나 나실인은 평생 동안 나실인으로 살 필요는 없었다.

13:8-14. 마노아는 주께서 보내셨던 하나님의 사람을 우리에게 다시 보내 우리가 그 낳을 아이에게 어떻게 행할지를 우리에게 가르치게 해달라고 기도한다. 하나님은 마노아의 기도를 들으시고 하나님의 사자를 다시 그 여인에게 보냈으나 그의 남편 마노아는 그와 함께 있지 아니하였다.

여인이 급히 남편에게 달려가서 알려 준다. "보소서 전일에 내게 오셨던 그 사람이 내게 나타났나이다" 한다. 마노아가 일어나 아내를 따라가서 그 사람에게 이르러 그에게 묻되 당신이 이 여인에게 말씀하신 그 사람이니이까 하니 "내가 그로다" 한다. 마노아가 이르되 이제 당신의 말씀대로 되기를 원하나이다. "이 아이를 어떻게 기르며 우리가 그에게 어떻게 행하리이까" 하고 묻는다.

하나님의 사자가 마노아에게 "내가 여인에게 말한 것들을 그가 다 삼가서 포도나무의 소산을 먹지 말며 포도주와 독주를 마시지 말며 어떤 부정한 것도 먹지 말고 내가 그에게 명령한 것은 다 지킬 것이니라"고 말해 준다.

13:15-25. 마노아는 하나님의 사자에게 염소 새끼를 준비하여 번제를 드릴테니 머무를 수 없겠느냐고 묻는다. 그러나 그 사자는 번제는 여호와께 드리라고 한다. 마노아는 하나님의 사자에게 "당신의 이름이 무엇이니이까"라고 물으면서 "당신의 말씀이 이루어질 때에 우리가 당신을 존귀히 여기리이다"라고 한다.

하나님의 사자는 내 이름은 "기묘자"(Wonderful)라 한다. 즉, 인간의 이해를 초월한 이름이라는 뜻이다. 이에 마노아가 염소 새끼와 소제물을 가져다가 바위 위에서 하나님께 드릴 때 이적이 일어난다. 마노아와 그의 아내가 본 즉 불꽃이 제단에서부터 하늘로 올라가는 동시에 하나님의 사자가 제단 불꽃에 휩싸여 올라간다. 마노아와 그의 아내가 그것을 보고 그들의 얼굴을 땅에 대고 엎드린다.

마노아의 아내가 아들을 낳으매 그의 이름을 삼손(태양)이라 한다. 그 아이가 자라매 하나님께서 그에게 복을 주신다. 소라와 에스다올 사이 마하네단에서 하나님의 영이 삼손을 움직이기 시작하신다.

━▶생활 속으로

☼ 사사기 하면 우리에게 제일 먼저 생각나게 하는 이야기가 삼손의 이야기이다. 나는 삼손의 이야기를 언제 제일 먼저 들었고, 무엇이 그렇게 흥미로웠는가?
☼ 삼손에 대한 이야기를 긍정적인 이야기로 들었는가 아니면 부정적인 이야기로 들었는가? 왜 그렇게 생각하는가?
☼ 오늘날 과거의 나실인과 비슷하게 생활하는 사람들은 누구라고 생각하는가?

사사기 14:1-15:20
삼손과 딤나의 여자.

━━▶ 말씀 속으로 ◀━━

14:1-4. 삼손은 이스라엘의 한 경건한 부부에게서 기적적으로 태어난 사람이다. 그뿐만 아니라 그는 나실인으로 하나님께 바쳐졌고, 하나님께서도 그를 축복하여 주셨다 (13:24). 그러나 삼손은 처음부터 하나님을 실망시킨다. 삼손도 그의 소견에 옳은 대로 산 사람임을 처음부터 분명하게 말해 준다.

삼손은 딤나에 내려가서 블레셋 한 여자를 만나고 와서 자기 부모에게 그녀를 자기의 아내로 맞이하게 해달라고 요청한다. 딤나는 원래 단 지파에 분배된 땅이었으나 블레셋에게 빼앗긴 땅이고 블레셋과 유다의 경계선 지점의 벧세메스 북쪽에 있는 지점이고 소라 근처에 있다 (수 15:10).

삼손의 부모는 삼손에게 "네 형제들의 딸들 중에나 내 백성 중에 어찌 여자가 없어서 네가 할례 받지 아니한 블레셋 사람에게 가서 아내를 맞으려 하느냐"고 삼손의 결혼을 반대한다. 그러나 삼손은 자기가 그 여자를 좋아하니 데려와 달라고 아버지에게 청한다. 삼손이 블레셋 여자와 결혼하는 이야기는 이스라엘이 종교적으로 하나님과의 언약을 깨고 계속 하나님으로부터 멀어지고 있는 현상을 말해 주는 것이다. 신명기에 따르면, 이스라엘 백성은 다른 민족과 결혼도 하지 말고 상종도 하지 못하게 되어 있으나 삼손은 블레셋 여자와 결혼하려고 한다 (신 7:3-4). 그것은 나실인인 삼손이 하나님께 헌신하려는 마음이 없어졌다는 뜻이다.

그 때에 블레셋 사람이 이스라엘을 다스린 까닭에 삼손은 결혼을 통해 블레셋 사람들과 접촉할 수 있는 기회를 만들어 블레셋 사람을 치려 하였으나 그의 부모는 이 일이 하나님께로부터 나온 것인 줄은 알지 못하였다. 하나님은 인간의 죄를 들어 그의 계획을 달성하시기도 하신다.

14:5-9. 삼손이 그의 부모와 함께 소라 남쪽에 있는 딤나에 내려가 딤나의 포도원에 이르렀을 때, 젊은 사자가 그를 보고 으르렁거린다. 하나님의 영이 삼손에게 강하게 임하여 그가 손에 아무것도 가진 것 없이 그 사자를 염소 새끼를 찢는 것 같이 찢었으나 그는 자기가 행한 일을 부모에게 알리지 아니한다.

삼손은 딤나의 여자가 마음에 들었다. 얼마 후에 삼손이 그 여자를 맞이하려고 다시 가다가 돌이켜 그 사자의 주검을 본즉 사자의 몸에 벌 떼와 꿀이 있었다. 손으로 그 꿀을 떠서 걸어가며 먹고 그의 부모에게 이르러 그들에게 그것을 드려서 먹게 하였으나 그 꿀을 죽은 사자의 몸에서 떠왔다고는 알지 아니하였다. 이 사자를 찢어 죽인 일로 인하여 블레셋 사람들과 첫 번째 갈등을 일으키게 된다.

그리고 그 사자의 몸에서 나온 꿀 이야기는 삼손이 죽은 동물을 만지면 안 된다는 율법의 규례에 순종하지 아니하였을 뿐만 아니라 부정한 것을 먹으면 안 된다는 나실인으로서의 서원도 깨고 있음을 말해 주고 있는 것이다.

14:10-20. 삼손은 딤나에서 그 여자와 결혼하게 된다. 그리고 딤나에서 삼손은 그 당시 신랑이 하던 풍습대로 30명의 청년들을 초대하여 잔치를 베푼다. 삼손은 그들에게 말한다. "이제 내가 너희에게 수수께끼를 내리니 잔치하는 이레 동안에 너희가 그것을 풀어 내게 말하면 내가 베옷 삼십 벌과 겉옷 삼십 벌을 너희에게 주리라 그러나 그것을 능히 내게 말하지 못하면 너희가 내게 베옷 삼십 벌과 겉옷 삼십 벌을" 주어야 한다고 말한다. 그들은 삼손에게 네 수수께끼를 들어보자고 말한다. 삼손은 그가 경험한 것을 기초로 하여 수수께기 하나를 만들어 말한다.

"먹는 자에게서 먹는 것이 나오고 강한 자에게서 단 것이 나"온 것이 무엇이냐고 묻는다. 그들은 사흘이 되도록 수수께끼를 풀지 못한다.

일곱째 날, 그들이 삼손의 아내에게 말한다. 너는 네 남편을 꾀어 그 수수께끼를 우리에게 알려 달라. 그렇지 아니하면 너와 네 아버지의 집을 불사르겠다. 너희가 우리의 소유를 빼앗고자 하여 우리를 청한 것이 아니냐 하고 삼손의 아내에게 도전한다. 삼손의 아내는 삼손 앞에서 당신은 나를 미워할 뿐이요 사랑하지 아니한다고 울며 말한다. 우리 민족에게 수수께끼를 말하고 그 뜻을 내게 알려 주지도 않는다고 말한다. 삼손이 그녀에게 말한다. "보라 내가 그것을 나의 부모에게도 알려 주지 아니하였거든 어찌 그대에게 알게 하리요"(16절) 한다.

칠 일 동안 그들이 잔치할 때 그의 아내가 그 앞에서 울며 그에게 강요함으로 일곱째 날에는 그가 그의 아내에게 수수께끼를 알려 준다. 그의 아내는 그것을 자기 백성에게 알려 주고 삼손을 배반하는 일을 저지른다. 일곱째 날 해 지기 전에 성읍 사람들이 삼손에게 이르되 무엇이 꿀보다 달겠으며 무엇이 사자보다 강하겠느냐 한지라 삼손이 그들에게 이르되 너희가 내 암송아지로 밭 갈지 아니하였더라면 내 수수께끼를 능히 풀지 못하였으리라 한다.

14:19-20. 여호와의 영이 삼손에게 갑자기 임하시매 삼손이 아스글론에 내려가서 그 곳 사람 삼십 명을 쳐죽이고 노략하여 수수께끼 푼 자들에게 옷을 주고 심히 노하여 그의 아버지의 집으로 올라갔고 삼손의 아내는 삼손의 친구였던 그의 친구에게 주었다. 이것은 삼손이 두 번째로 블레셋 사람들과 싸우게 되는 이야기이다.

15:1-8. 얼마 후 밀 거둘 때에 삼손이 염소 새끼를 가지고 딤나에 있는 그의 아내를 찾아간다. 그 때 장인은 삼손이 들어오지 못하게 한다. 삼손의 장인은 그의 큰딸과 삼손을 떼어놓으려고 삼손의 친구에게 큰딸을 보내고 자기의 작은딸과 결혼하라고 삼손에게 말한다. 이러한 과정에서 네 장면이 전개된다.

첫째 장면은 삼손이 여우 300마리를 잡아 꼬리와 꼬리를 매고 홰에 불을 붙이고 그것을 블레셋 사람들의 곡식 밭으로 몰아 들여서 곡식 단과 아직 베지 아니한 곡식과 포도원과 감람나무들을 불사르는 장면이다 (4-5절).

둘째 장면은 화가 난 블레셋 사람들이 그 여인과 그 여인의 부모를 불살라 죽이는 장면이다.

셋째 장면은 삼손이 블레셋 사람들의 정강이와 넓적다리를 크게 쳐서 죽이고 내려가서 유다의 광야에 있는 에담 바위 틈에 머무르는 장면이다 (7-8절).

넷째 장면은 유다 사람들이 삼손을 결박하여 그를 블레셋 사람들에게 넘겨주는 장면이다 (9-15절).

15:9-17. 블레셋 사람들이 올라와 유다에 진을 치고 레히 지역을 친다. 레히가 어디에 위치하고 있었는지 우리는 정확하게 알 수 없다. 그러나 아마도 딤나와 블레셋 접경지였을 것이다. 유다 사람들은 블레셋 사람들에게 어찌하여 올라와서 우리를 치느냐고 묻는다. 그들은 우리가 올라온 것은 삼손을 결박하여 그가 우리에게 행한 대로 그에게 행하려 함이라고 말한다.

유다 사람 3,000명이 에담 바위 틈에 내려가서 삼손에게 너는 블레셋 사람이 우리를 다스리는 줄을 알지 못하느냐? 네가 어찌하여 우리에게 이같이 행하였느냐? 하고 말한다. 삼손은 그들에게 "그들이 내게 행한 대로 나도 그들에게 행하였노라"고 말해 준다. 그들이 삼손에게 말한다. "우리가 너를 결박하여 블레셋 사람의 손에 넘겨 주려고 내려 왔노라" 하니 삼손이 그들에게 "너희가 나를 치지 아니하겠다고 내게 맹세하라"고 한다. 그들은 삼손에게 말한다. 우리는 "다만 너를 단단히 결박하여 그들의 손에 넘겨 줄 뿐이요 우리가 결단코 너를 죽이지 아니하리라" 하고 새 밧줄 둘로 결박하고 바위 틈에서 그를 끌어낸다. 삼손이 레히에 이르매 블레셋 사람들이 그에게로 마주 나가며 소리 지를 때 하나님의 영이 삼손에게 갑자기 임하시여 그의 팔 위의 밧줄이 불탄 삼과 같이 그의 결박되었던 손에서 떨어진다.

삼손은 나귀의 새 턱뼈를 보고 손을 내밀어 집어들고 그것으로 천 명을 죽이고 "나귀의 턱뼈로 한 더미, 두 더미를 쌓았음이여 나귀의 턱뼈로 내가 천 명을 죽였도다" 하고 말한다. 그가 말을 마치고 턱뼈를 자기 손에서 내던지고 그 곳을 라맛 레히(뜻: 나귀 턱뼈 언덕)라 이름지었다. 이것은 삼손이 세 번째로 블레셋 사람들과 싸우게 된 이야기이다.

15:18-20. 삼손이 심히 목이 말라 하나님께 부르짖는다. "주께서 종의 손을 통하여 이 큰 구원을 베푸셨사오나 내가 이제 목말라 죽어서 할례 받지 못한 자들의 손에 떨어지겠나이다" 하니 하나님께서 "우묵한 곳"을 터뜨려 물이 솟아나게 하신다. 우묵한 곳은 나귀 턱뼈와 같은 모형을 말하는 것이다. 삼손에게 힘을 주시는 하나님은 또한 삼손에게 마실 물을 제공하여 주신다. 삼손은 그것을 마시고 정신이 회복되어 소생하니 그러므로 그 샘 이름을 "엔학고레"(뜻: 부르짖는 자의 샘)라 불렀다. 블레셋 사람의 때에 삼손이 이스라엘의 사사로 이십 년 동안 지냈다.

➡️ 생활 속으로

☼ 우리 부모님들 가운데는 자식이 태어나기도 전에 그 아이를 하나님께 바치겠다고 서약하는 사람들이 있다. 그래서 그 아이가 자라나는 동안 목사가 되라고 자주 말을 해주고, 선교사, 의료 선교사가 되라고 자주 말을 해준다. 이러한 서약에 대하여 어떻게 생각하는가?

☼ 고금을 막론해서 어떤 사회이고 신분이 다르고, 지역이 다르고, 인종이 다른 사람과 결혼하는 것을 달갑게 생각하지 아니하였다. 그러나 우리는 종교, 인종, 풍습과 상관없이 맘대로 결혼을 할 수 있는 사회에 살고 있다. 이러한 결혼 풍습에 대한 찬반은 무엇인가?

사사기 16:1-31
삼손의 죽음과 승리

➡️ 말씀 속으로 ⬅️

16:1-3. 삼손에 관한 마지막 이야기에서 삼손은 가사로 간다. 가사는 삼손의 고향에서 남쪽으로 40마일(64km)쯤 떨어져 있는 블레셋 최남단 항구도시이다. 삼손이 왜 가사에 가게 되었는지 우리는 알 수 없지만 삼손은 가사에서 한 기생(매춘부)을 보고 그에게로 들어간다. 이 기생은 삼손이 만난 이름도 성도 없는 두 번째 여자이다. 이야기의 흐름이 말하여 주는 것은 삼손이 기생과 관계를 맺는다는 것 자체가 나실인으로서 하나님과의 서약을 어기는 것이다. 그리고 삼손이 이러한 생활을 하는 것은 사사기 시대가 도덕적으로 얼마나 문란해져 있었는가를 말하여 주는 것이다.

가사 사람들에게 삼손이 왔다는 사실이 알려지자 그들은 곧 삼손을 에워싸고 밤새도록 성문에 매복하고 조용히 기다리다가 새벽이 되면 그를 죽이려 한다. 삼손은 이 사실을 알고 밤중까지 누워 있다가 그 밤중에 일어나 성문 짝들과 두 문설주와 문빗장을 빼어 가지고 그것을 모두 어깨에 메고 그 곳에서 24마일(38km)이나 되는 헤브론 앞 산꼭대기로 간다. 구약시대 때 성문을 차지하는 것은 대적을 물리친다는 상징이기도 하다 (창 22:17). 그뿐만 아니라, 가사가 유다 지파에 종속되리라는 것을 상징적으로 말해 주는 것이다.

16:4-31. 후에 삼손은 소렉 골짜기의 들릴라(뜻: 헌신하는 사람)라 이름하는 여인을 사랑하게 되는데 들릴라는 삼손이 만난 세 번째 여인이다.

"소렉 골짜기"는 소라와 딤나 사이에 있고, 유다 지파의 땅과 블레셋 경계선 지점에 있다. 소렉이라는 고장 이름은 포도밭이라는 뜻인데 삼손이 소렉에 갔다는 자체가 나실인이 포도주를 대하면 안 된다는 규례를 어기고 있는 것을 상기시켜 주는 장면이다. 그리고 그의 긴 머리에 대한 비밀을 노출시키는 것도 나실인의 언약을 어기는 장면이다.

블레셋 사람의 지도자들은 들릴라에게로 가서 삼손을 꾀어서 무엇으로 말미암아 그 큰 힘이 생기는지, 그리고 우리가 어떻게 하면 그를 결박하여 굴복하게 할 수 있을는지 알아보라고 말한다. 그리하면 우리가 은 1,100개(천백 세겔)를 네게 주겠다고 말한다. 은 하나는 한 세겔의 값어치와 같은 것이었고, 그 당시 한 세겔은 한 사람이 나흘 노동한 값이었으니 큰 돈이다.

들릴라가 삼손에게 말한다. "청하건대 당신의 큰 힘이 무엇으로 말미암아 생기며 어떻게 하면 능히 당신을 결박하여 굴복하게 할 수 있을는지 내게 말하라"고 한다. 삼손은 그에게 "만일 마르지 아니한 새 활줄 일곱으로 나를 결박하면 내가 약해져서 다른 사람과 같으리라"고 말한다. 그러나 그것은 사실이 아니었다. 들릴라는 자기가 삼손에게 속았다는 사실을 알고 그에게 항의한다.

들릴라가 두 번째로 삼손에게 "청하건대 무엇으로 다인을 결박할 수 있을는지 이제는 내게 말하라" 한다. 삼손이 그녀에게 말한다. "만일 쓰지 아니한 새 밧줄들로 나를 결박하면 내가 약해져서 다른 사람과 같으리라"고 말해 준다. 들릴라가 새 밧줄들을 가져다가 그것들로 삼손을 결박하지만 그것도 사실이 아님을 알게 된다. 들릴라는 자기가 속은 것에 대하여 다시 한 번 항의한다.

16:13-14. 들릴라가 세 번째로 삼손에게 "내가 무엇으로 당신을 결박할 수 있을는지 내게 말하라"고 한다. 삼손은 그녀에게 "만일 나의 머리털 일곱 가닥을 베틀의 날실에 섞어 짜면" 된다고 말해 준다. 들릴라는 삼손이 말해준 대로 바디(대나무로 바늘처럼 만들어 베를 짤 때 베실을 낱낱이 꿰어 짜는 데 사용하는 도구)로 머리털을 꿰어 짰지만 그것도 사실이 아님을 알게 된다.

16:15-22. 들릴라가 네 번째로 삼손에게 "당신의 마음이 내게 있지 아니하면서 당신이 어찌 나를 사랑한다" 말할 수 있느냐고 항의한다. 날마다 그 말로 그를 재촉하여 조르매 삼손의 마음이 귀찮아 죽을 지경이어서 들릴라에게 그의 진실을 말해 준다. 삼손은 진심으로 들릴라에게 자신의 비밀을 말해 준다. "내 머리 위에는 삭도를 대지 아니하였나니 이는 내가 모태에서부터 하나님의 나실인이 되었음이라 만일 내 머리가 밀리면 내 힘이 내게서 떠나고 나는 약해져서 다른 사람과 같게 될" 것이라고 들릴라에게 그의 비밀을 말해 준다.

들릴라는 블레셋 지도자들에게 삼손에게서 들은 진심을 그대로 다 말해 준다. 블레셋 지도자들은 들릴라에게 줄 은 1,100개를 가지고 온다. 들릴라가 삼손에게 자기 무릎을 베고 자게 하고 사람을 불러 그의 머리털 일곱 가닥을 밀고 괴롭게 하여 본즉 그의 힘이 없어졌음을 알게 된다. 들릴라가 "삼손이여 블레셋 사람이 당신에게 들이닥쳤느니라 하니 삼손이 잠을 깨며 이르기를 내가 전과 같이 나가서 몸을 떨치리라 하였으나 여호와께서 이미 자기를 떠나신 줄을 깨닫지 못하였"다.

블레셋 사람들은 삼손을 붙잡아 그의 눈을 빼고 끌고 가사에 내려가 놋 줄로 매고 그에게 옥에서 맷돌을 돌리게 하였다. 그의 머리털이 밀린 후에 다시 자라기 시작한다.

16:23-31. 블레셋 지도자들은 우리의 신이 원수 삼손을 우리 손에 넘겨 주었다 하고 그들의 신 다곤에게 큰 제사를 드리고 즐거워한다. "다곤"은 곡물을 위한 신으로 알려져 있었다. 블레셋 백성들도 삼손이 잡힌 것을 기뻐하고 자기들의 신을 찬양한다. 블레셋 지도자들의 마음이 즐거울 때에 삼손을 불러다가 재주를 부리게 하자 하고 옥에서 삼손을 불러내어 두 기둥 사이에 세웠다. 삼손은 자기 손을 붙든 소년에게 나에게 이 집을 버틴 기둥을 찾아 그것을 의

지하게 하라고 말한다. 그 집에는 남녀가 가득하니 블레셋 모든 지도자도 거기에 있고 지붕에 있는 남녀도 삼천 명 가량이라 다 삼손이 재주 부리는 것을 보고 있었다.

삼손이 하나님께 부르짖어 기도한다. "주 여호와여 구하옵나니 나를 생각하옵소서 하나님이여 구하옵나니 이번만 나를 강하게 하사 나의 두 눈을 뺀 블레셋 사람에게 원수를 단번에 갚게 하옵소서." 삼손이 집을 버틴 두 기둥 가운데 하나는 왼손으로 하나는 오른손으로 껴 의지하고 힘을 다하여 몸을 굽히매 그 집이 곧 무너져 그 안에 있는 모든 지도자와 온 백성에게 덮이니 삼손이 죽을 때에 죽인 자가 살았을 때에 죽인 자보다 더욱 많았다.

삼손은 독자였기 때문에 "그의 형제와 아버지의 온 집이 다 내려"갔다함은 그의 부족을 가리킨다. 그들은 그의 시체를 가지고 와서 소라와 에스다올 사이 그의 아버지 마노아의 장지에 장사했다.

삼손은 이스라엘의 사사로 20년 동안 지냈다. 삼손의 삶을 통해서 하나님을 떠나서 비도덕적으로 생활하는 이스라엘 백성의 모습을 볼 수 있어야 하고, 또한 삼손의 배후에서 이스라엘을 구원하기 위하여 일하시는 하나님을 볼 수 있어야 한다.

━▶생활 속으로

☼ 사사기 저자의 관점에서 삼손 이야기는 긍정적인 이야기인가 아니면 부정적인 이야기인가? 왜 그렇게 생각하는가?
☼ 나에게 삼손과 같은 힘이 있다면, 나는 그 힘을 어떻게 사용하고 있으리라 생각하는가?
☼ 삼손은 그렇게 엄청난 힘의 소유자이면서도 왜 뒷골목의 여인들을 그렇게 좋아했을까?
☼ 삼손의 이야기가 성경에 들어가게 된 이유가 무엇 때문이라고 생각하는가?

◈◊◈ III 부 ◈◊◈

사사기 17:1−21:25
영적 혼란

━━▶주요 메시지

사사기 3:7−16:31에서 외부의 세력으로부터 이스라엘을 구원한 사사들에 관한 이야기를 전개하였다면, 17:1−21:25 마지막 부분에서는 이스라엘 백성이 내적으로 부패하여 가정과 종교와 사회가 붕괴되어가는 모습을 묘사하여 준다.

17:1−18:31에서는 믿음이 붕괴되어가는 모습을 묘사하고, 19:1−21:25에서는 이스라엘의 사회와 정치가 붕괴되는 모습을 묘사한다.

사사기 17:1-13
미가 집의 제사장

━━▶말씀 속으로◀━━

17:1−6. 이스라엘은 지금 가정이 붕괴되어 가고 있다. 가정이 붕괴되면 사회도 붕괴되고, 정치와 종교도 붕괴된다. 17장은 북쪽 에브라임 산지에 사는 미가라는 사람이 그의 어머니를 속여 얻은 돈으로 규례에 어긋난 신당을 하나 세우는 이야기로 시작한다. "미가"는 미가야후의 약자인데 "주와 같은 이가 누구냐"라는 뜻이다.

미가는 그의 어머니가 은 1,100세겔을 잃어버리셨을 때, 어머니가 훔친 사람을 저주하는 소리를 들은 후, 그는 어머니에게 그 은을 자신이 훔쳤다고 고백한다. 미가는 은 1,100세겔을 그의 어머니에게 도로 돌려준다. 어머니는 그 중에서 은 이백을 가져다 은장색에게 주어 한 신상을 새기고 한 신상을 부어 만들어 미가의 집에 두었다. 아마도 도둑에게 한 저주가 자기 아들에게 돌아가지 아니하기를 바라는 미신적인 생각에서 신상을 새겼을 것이다.

17:7-13. 사사 때에는 이스라엘에 왕이 없었으므로 사람마다 자기 소견에 옳은 대로 행하는 무질서한 시대였기 때문에 미가도 그의 소견에 옳은 대로 북쪽에다 우상의 신상을 새긴 신당을 하나 마련하고 그의 아들을 제사장으로 삼는다. 물론 이것은 이스라엘의 종교 제도를 무시하는 행위일 뿐만 아니라 십계명의 첫째 계명과 둘째 계명을 어기는 행위이다. 그리고 이러한 행위는 신명기에서 말하는 규례들을 어기는 행위일 뿐만 아니라, 이스라엘이 하나님으로부터 멀어져 가고 있다는 사실을 입증하여 주는 것이다.

이스라엘은 종교적으로도 붕괴되어 가고 있다. 여호수아가 땅을 분배하여 줄 당시 각 지파는 땅이 없는 레위인들이 거할 48개의 성읍이 마련되었다. 사사기 시대에 와서는 이러한 제도가 잘 유지되지 아니하였던 것 같다.

레위인 한 청년이 거주할 곳을 찾고자 하여 유다 베들레헴을 떠나 가다가 에브라임 산지까지 와서 미가의 집에 이르게 된다. 미가는 그 레위인 청년에게 "너는 어디서부터 오느냐"고 묻는다. 그는 "나는 유다 베들레헴의 레위인으로서 거류할 곳을 찾으러 가노라"고 대답한다. 미가는 그 청년에게 "네가 나와 함께 거주하며 나를 위하여 아버지와 제사장이 되라"고 말했을 때, 그 청년은 미가의 초청을 받아들인다. 종교적으로 제사장이 하나님의 종으로 하나님을 대변하는 사람이 아니라, 한 가정의 종교적인 필요를 충족시켜 주는 사람으로 전락되었다.

그 레위인 청년의 이름은 요나단이고 (18:30), 그는 미가와 함께 거주할 뿐만 아니라 제사장이 된 것을 만족하게 생각했다. 미가는 그 레위인 요나단을 거룩하게 구별하여 주어 요나단은 미가의 제사장이 되어 그 집에 있었다. 이에 미가는 말한다. "레위인이 내 제사장이 되었으니 이제 여호와께서 내게 복 주실 줄을 아노라" 한다.

사사기 18:1-31
미가와 단 지파

➡️말씀 속으로⬅️

18:1-3. 이스라엘은 가정의 도덕이 몰락하여 가고 있고, 종교적인 면에서도 율법과 규례에 불순종하며 생활을 하였다면, 사회적인 면에서도 대혼란기에 처해 있었다. 사사기 저자는 미가가 우상의 신상을 만든 것과 단 지파가 성소를 마련하는 것을 조심스럽게 병행해서 소개하여 준다. 이스라엘은 각 개인과 지파의 소견에 옳은 대로 생활하고 있었음을 상기시켜 주고 있는 것이다.

18:4-6. 그 때에 이스라엘에 왕이 없었다. 그리고 단 지파는 그 때에 북쪽에다 거주할 땅을 구하고 있던 중이었다. 다시 말해, 여호수아로부터 땅을 분배받은 단 지파는 블레셋 사람들을 쫓아내지 못하였을 뿐만 아니라, 단 지파에 속해 있는 육만 명 이상이 그 좁은 땅에서 함께 살기에는 땅이 너무 협소하다고 생각하고 있었다. 그래서 단 자손은 소라와 에스다올에서부터 그들의 가족 가운데 용맹스런 다섯 사람을 보내어 땅을 정탐하고 살피게 하며 그들에게 "너희는 가서 땅을 살펴보"고 돌아와 보고하라고 한다.

단 지파의 정탐꾼들은 에브라임 산지에 가서 미가의 집에 이르러 거기에 유숙하게 된다. 그들이 미가의 집에 있을 때 그 레위 청년의 음성을 알아듣고 그리로 돌아가서 그에게 묻는다. "누가 너를 이리로 인도하였으며 네가 여기서 무엇을 하며 여기서 무엇을 얻었느냐"고 묻는다. 청년의 음성을 알아들었다는 것은 그를 그전부터 알고 있었다는 뜻이 아니라, 유다 지파 지역의 남쪽 사람들이 사용하는 사투리를 알아들었다는 뜻이다.

그 레위 청년 요나단은 정탐꾼들에게 미가가 이러이러하게 자기를 대접하고, 고용하여 자기를 미가의 제사장으로 삼

왔다고 대답한다. 정탐꾼들은 요나단에게 "우리를 위하여 하나님께 물어 보아서 우리가 가는 길이 형통할는지 우리에게 알게 하라"고 청한다. 그 제사장 요나단은 단 지파 정탐꾼들에게 "평안히 가라 너희가 가는 길은 여호와 앞에 있느니라"고 축복하여 준다.

18:7-13. 이에 다섯 정탐꾼은 이스라엘의 최북단에 있는 라이스(뜻: 사자)에 도착한다. 라이스에는 시돈 사람들이 살고 있는데, 그들의 모습이 부족한 것이 없이 평온하고 안전하게 보였다. 라이스는 시돈으로부터 30마일 (48km) 떨어져 있는 곳이고, 갈릴리에서 북쪽으로 25마일 (40km) 떨어져 있는 곳이었다. 큰 산이 가로막고 있어 어떤 사람과도 상종하지 아니하고 사는 평온한 모습을 볼 수 있었다.

정탐꾼들은 소라와 에스다올에 돌아가서 그들의 형제들에게 말하기를 "일어나 그들을 치러 올라가자 우리가 그 땅을 본즉 매우 좋더라"고 보고한다. 우리가 가면 평화로운 백성을 만날 것이요 "그 땅은 넓고 그 곳에는 세상에 있는 것이 하나도 부족함이 없"다고 보고하면서 하나님이 그 땅을 우리의 손에 넘겨 주셨다고 말한다.

단 지파의 가족 중 600명이 무기를 지니고 소라와 에스다올에서 출발하여 북쪽으로 가서 유다에 있는 기럇여아림에 진을 친다. 그러므로 그 곳 이름이 오늘까지 "마하네단"(뜻: 단의 장막)이며 그 곳은 기럇여아림 뒤에 있었다. 무리가 거기서 떠나 12마일(19km)쯤에 떨어져 있는 에브라임 산지 미가의 집에 도착한다.

18:14-20. 전에 라이스 땅을 정탐하러 갔던 다섯 정탐꾼은 미가의 집에 에봇과 드라빔과 새긴 신상과 부어 만든 신상이 있다고 600명의 용사에게 말해 준다. 그 다섯 정탐꾼은 그 쪽으로 향하여 그 청년 레위 사람의 집 곧 미가의 집에 들어가 그에게 문안하고 단 자손 600명은 무기를 지니고 문 입구에 서서 보초를 선다. 그 땅을 정탐하러 갔던 다

섯 정탐꾼이 그리로 들어가서 새긴 신상과 에봇과 드라빔과 부어 만든 신상을 가져갈 때에 그 레위 제사장은 무기를 지닌 600명과 함께 문 입구에 서 있었다. 그 다섯 사람이 미가의 집에 들어가서 그 새긴 신상과 에봇과 드라빔과 부어 만든 신상을 가지고 나오매 그 제사장이 그들에게 "너희가 무엇을 하느냐" 항의하는 조로 묻는다. 그들은 제사장에게 입을 닥치고 조용하게 있으라고 명한다. "우리와 함께 가서 우리의 아버지의 제사장이 되라 네가 한 사람의 집의 제사장이 되는 것과 이스라엘의 한 지파의 제사장이 되는 것 중에서 어느 것이 낫겠느냐" 한다. 그 청년 제사장은 그들이 말한 것이 마음에 들어 에봇과 드라빔과 새긴 우상을 받아 가지고 그 백성 가운데로 들어간다. 에봇과 드라빔과 새긴 우상을 가지고 가는 이유는 그것들이 축복의 상징으로 되어 있었기 때문이다 (17:13).

18:21-26. 단 지파 사람들은 어린 아이들과 가축과 값진 물건들을 앞세우고 라이스를 향해 길을 떠난다. 그들이 미가의 집을 멀리 떠난 때에 미가와 이웃집 사람들이 단 지파 사람들을 추격하여 와서 단 지파 사람들을 부른다. 단 지파 사람들은 얼굴을 돌려 미가에게 무슨 일로 이같이 몰려왔느냐고 묻는다. 미가가 그들에게 말한다. "내가 만든 신들과 제사장을 빼앗아 갔으니 이제 내게 오히려 남은 것이 무엇이냐"고 말한다.

그보다 더 심각한 이슈는 미가가 은으로 만든 신상과 에봇 그리고 가정을 수호한다고 믿는 드비림을 "나의 신"이라고 공공연하게 말하고 있다는 사실이다. 그러자 단 지파 사람들은 미가에게 더 이상 말하지 말고 조용히 있는 것이 좋을 것이라고 협박한다. 노한 자들이 너희를 쳐서 네 생명과 네 가족의 생명을 빼앗아 갈까 염려가 된다고 말하며 단 지파 사람들은 자기의 갈 길을 간다. 미가는 단 지파 사람들이 자기보다 강한 것을 알기에 발길을 돌려 집으로 돌아갔다.

18:27-29. 단 지파 사람들은 미가가 만든 에봇과 신상과 그 제사장을 취하여 라이스에 이르러 한가하고 걱정 없이 사는 라이스 백성을 칼로 쳐죽이고 그 성읍을 불로 태웠다. 그 라이스 성읍은 베드르홉 가까운 골짜기에 있어서 시돈과 거리가 멀고 상종하는 사람도 없었기 때문에 그들을 도와줄 수 있는 사람들이 없었다. 단 자손은 라이스에 그들의 성읍을 세우고 거기 거주하면서 이스라엘에게서 태어난 그들의 조상 단의 이름을 따라 그 성읍을 단이라 한다. 그 성읍의 본 이름은 라이스였다. 이것이 단 지파의 이름이 중부 지역에도 나타나고 이스라엘 최북단에도 나타나는 이유를 설명하여 주는 것이다.

18:30-31. 단 지파 사람들은 자기들을 위하여 그 새긴 신상을 세웠고 모세의 손자요 게르솜의 아들인 요나단(제사장 집안이었음을 뜻함)과 그의 자손은 단 지파의 제사장이 되어 그 땅 백성이 사로잡히는 날까지 그 일을 맡았다.

"하나님의 집이 실로에 있을 동안에 미가가 만든 바 새긴 신상이 단 자손에게 있었더라." 사사기 저자는 실로에 언약궤가 있는 곳이 중앙 성소임에도 불구하고 단 지파는 라이스에 자신들을 위하여 세운 신당을 성소로 생각했다는 뜻이다. 아마도 단 지파는 이스라엘에서 우상을 이스라엘의 종교로 받아들인 첫 번째 지파일 것이다.

▶생활 속으로

☼ 나는 자녀들에게 도덕 교육을 어떻게 시키고 있는가?
☼ 나는 자녀들에게 신앙 교육을 어떻게 시키고 있는가?
☼ 내가 사는 주변의 사회질서는 어떠한가? 사회질서를 존경하는 사회인가? 아니면 사회질서를 무시하는 사회인가?
☼ 17장과 18장에서 전개되는 이야기와 우리가 살고 있는 사회에서 일어나는 이야기와 어떤 점이 비슷하다고 생각하는가? 왜 그렇게 생각하는가?

사사기 19:1-30
어떤 레위 사람과 그의 첩

▶ 말씀 속으로 ◀

17-18장에서 이스라엘의 가정과 종교의 부패상을 묘사하였다면, 19-21장에서는 사회 윤리가 부패하여 있는 모습을 소개하여 준다. 기브아에서 일어난 강간 살인 사건은 이스라엘 지파 간에 내전을 초래하게 된다.

19:1-10. 이스라엘에 왕이 없을 그 때에 에브라임 산지 구석에 거류하는 어떤 레위인이 유다 베들레헴에서 첩을 맞이 한다. 레위기 21:7에 따르면, 레위인은 창녀(또는 첩)나 이혼 당한 여자를 취할 수 없다고 말하고 있다. 그러나 이스라엘에서 첩 제도는 합법적인 것으로 되어 있었다. 첩은 노예보다 조금 나은 신분으로 생각했었으나, 첩에서 낳은 자식은 기업을 이어받을 수가 없었다.

19장에 나오는 레위인의 첩은 그녀의 남편 몰래 바람을 피우고 그녀의 아버지가 있는 베들레헴으로 도망가서 거기서 넉 달 동안을 지냈다. 그녀의 남편이 그 여인을 데려오고자 하여 하인 한 사람과 나귀 두 마리를 데리고 베들레헴에 있는 그녀에게로 간다. 여자는 그를 인도하여 아버지의 집에 들어가니 그 여자의 아버지가 그를 보고 기뻐한다. 레위인은 그의 장인과 함께 베들레헴에 머물며 삼 일 동안 먹고 마시며 거기서 유숙하다가 넷째 날 아침에 일찍이 일어나 떠나고자 한다. 그의 장인은 사위에게 떡을 먹고 기력을 돋운 후 그대의 길을 가라고 말한다. 장인의 입장에서는 레위인이 자기 딸을 잘 보살펴 주기를 바랬을 것이다. 이렇게 레위인은 닷새 동안 그의 장인과 함께 베들레헴에서 잔치를 벌리고 먹고 마시다가 여섯째 날 그의 첩과 함께 떠나 여부스 맞은 편(예루살렘의 서쪽)에 있는 기브아에 도착한다. 기브아는 예루살렘에서 2마일쯤 떨어진 거리에 있다.

19:11-23. 레위인과 그의 첩과 종이 여부스에 가까이 왔을 때는 해가 질 무렵이었다. 레위인의 종은 주인에게 여부스 성읍에 들어가서 유하자고 말한다. 그러나 레위인은 그의 종에게 우리가 이스라엘 자손에게 속하지 아니한 이방 사람의 성읍으로 들어가는 것보다는 기브아로 되돌아가서 유숙하자고 한다. 기브아는 이스라엘 성읍이고 후에 사울의 저택이 있던 곳이다 (삼상 15:34). 여부스 성읍은 예루살렘을 말하는 것이고 여부스 족이 그 곳에 살고 있었다. 신명기에 따르면, 여부스 족은 이스라엘 백성이 상종도 하지 말고 결혼도 못하게 하였던 족속이었다. 여부스 성읍은 다윗 시대에 와서 점령되고 예루살렘으로 이름을 바꾸어 이스라엘의 수도가 되었다.

그 레위인과 그의 첩과 종이 해가 진 후 기브아에 유숙하려고 하였으나 그들을 집으로 영접하여 유숙하게 하는 자가 없었다. 나그네를 따뜻하게 선대하여 주는 것이 그 당시 사회 풍습이었으나 그 풍습마저 사라지고 있었다.

저녁 때에 한 노인이 밭에서 일하고 돌아오다가 그들이 성읍 넓은 거리에 있는 것을 본다. 그 노인은 본래 에브라임 산지 사람으로서 기브아에 거류하는 자요 그 곳 사람들은 베냐민 자손이었다. 그 노인은 "그대는 어디로 가며 어디서 왔느냐고" 나그네에게 묻는다. 그는 노인에게 "우리는 유다 베들레헴에서 에브라임 산지 구석으로 가나이다"라고 말해 준다. 나는 그 곳 사람으로서 유다 베들레헴에 갔다가 이제 여호와의 집으로 가는 중인데 나를 자기 집으로 영접하는 사람이 없다고 말한다. 우리에게는 나귀들이 먹을 짚과 여물이 있고 우리가 먹을 양식과 포도주가 있어 무엇이든지 부족함이 없다고 그 노인에게 말해 준다. 그 노인은 그대는 안심하라고 말한다. 그대의 쓸 것은 모두 내가 담당할 것이니 거리에서는 유숙하지 말라 하며, 그들을 데리고 자기 집에 들어가서 나귀에게 먹이니 그들이 발을 씻고 먹고 마신다.

그들이 즐겁게 쉬고 있을 때에 그 성읍의 불량배들이 그 집을 에워싸고 문을 두들기며 집 주인 노인에게 "네 집에 들어온 사람을 끌어내라 우리가 그와 관계하리라"고 말한다. 관계한다는 것은 성관계를 갖겠다는 것이다. 다시 말해, 레위인을 성적으로 해치겠다는 뜻이다. 그 집 주인은 불량배들에게 이 사람이 내 집에 들어왔으니 이런 망령된 일을 행하지 말라고 말한다.

19:24-30. 그 집 주인은 "보라 여기 내 처녀 딸과 이 사람의 첩이 있은즉 내가 그들을 끌어내리니 너희가 그들을 욕보이든지 너희 눈에 좋은 대로 행하되 오직 이 사람에게는 이런 망령된 일을 행하지 말라"고 타이른다. 그러나 그 불량배들은 노인의 말을 듣지 아니하고 레위인의 첩을 붙잡아 그들에게 밖으로 끌어내어 그들이 그 여자와 관계하였고, 밤새도록 그 여자를 능욕하다가 새벽 미명에 놓아준다.

동틀 때에 여인이 자기 주인이 있는 그 사람의 집 문에 이르러 엎드러져 밝기까지 거기 엎드러져 있었다. 그의 주인이 일찍이 일어나 집 문을 열고 떠나고자 하더니 그 여인이 집 문에 엎드러져 죽어 있는 것을 보고 그의 시체를 나귀에 싣고 자기 집에 가서 칼을 가지고 자기 첩의 시체를 열두 덩이로 나누어 그것을 이스라엘 사방에 두루 보낸다. 이것은 기브아 사람들의 범죄를 온 이스라엘 앞에 공개하여 응벌을 가하기 위한 처사였다.

──▶ 생활 속으로

☼ 사사기 저자는 왜 레위인에게 첩이 있었다는 사실을 소개하고 있을까?

☼ 사사기 저자는 왜 레위인이 자기 첩을 열두 덩이로 나누는 끔찍한 이야기를 소개해 주고 있을까?

☼ 오늘날 우리가 사는 사회가 부패되어 있는 모습을 하나 말하라면 그것이 무엇일까?

사사기 20:1-48
이스라엘이 전쟁 준비를 하다

➡말씀 속으로⬅

20:1-11. 레위인이 보낸 첩의 시체를 본 모든 이스라엘 자손은 "단에서부터 브엘세바까지와 길르앗 땅에서 나와서 그 회중이 일제히 미스바에서 여호와 앞에" 모였다. "여호와 앞"에 모였다는 것은 하나님의 부름을 받은 한 국가로서의 정체성을 강조하는 것이다.

남쪽에 정착했던 단은 북쪽으로 이주하여 이스라엘의 최북단에 위치해 있었고, 브엘세바는 이스라엘의 최남단에, 길르앗은 요단 동쪽 지역에 위치해 있던 지파였기 때문에 "단에서부터 브엘세바까지와 길르앗 땅에서" 나왔다는 것은 이스라엘 모든 지파에서 사람들이 왔다는 뜻이다. 이스라엘의 어른들은 하나님 백성의 총회에 섰고 칼을 빼는 보병은 40만 명이었으며 이스라엘 자손은 이 악한 일이 어떻게 일어났는지 우리에게 말하라고 한다.

죽임을 당한 여인의 남편인 레위인이 대답한다. "내가 내 첩과 더불어 베냐민에 속한 기브아에 유숙하러 갔더니 기브아 사람들이 나를 치러 일어나서 밤에 내가 묵고 있던 집을 에워싸고 나를 죽이려 하고 내 첩을 욕보여 그를 죽게 한지라 내가 내 첩의 시체를 거두어 쪼개서 이스라엘 기업의 온 땅에 보냈나니"라고 말한다. 그리고 "이는 그들이 이스라엘 중에서 음행과 망령된 일을 행하였기 때문이라"고 대답한다. 그러나 레위인은 자기가 그의 첩을 내어주었다는 말은 하지 아니한다. 이 레위 제사장의 말을 들은 후 백성에게 그들의 의견과 방책을 말해 보라고 한다.

모든 이스라엘 백성이 일제히 일어나 우리가 한 사람도 자기 장막으로 돌아가지 말며 한 사람도 자기 집으로 들어가지 말고 우리가 이제 기브아 사람에게 이렇게 행하리니 곧 제비를 뽑아서 그들을 치되 우리가 이스라엘의 사십만 명의 보병 중에서 십분의 일만 베냐민 지파에 보내서 싸우기로 하고 또 그렇게 결정하였다. 나머지는 그 백성을 위하여 양식을 준비하고 그들에게 베냐민의 기브아에 가서 그 무리가 이스라엘 중에서 망령된 일을 행한 대로 징계하게 하자고 한다. 이와 같이 이스라엘 모든 사람이 하나 같이 합심하여 그 성읍을 치려고 모였다.

20:12-16. 이스라엘 지파들이 베냐민 온 지파에 사람들을 보내어 두루 다니며 이렇게 말한다. "너희 중에서 생긴 이 악행이 어찌 됨이냐." 그런즉 이제 그 불량배들을 우리에게 넘겨 주어서 우리가 그들을 죽여 이스라엘 중에서 악을 제거하여 버리게 하라고 말한다. 그러나 베냐민 자손은 그들의 형제 이스라엘 자손의 말을 듣지 아니하고 도리어 성읍들로부터 기브아에 모이고 나가서 이스라엘 자손과 싸우고자 한다. 그 때에 그 성읍들로부터 나온 베냐민 자손의 수가 26,000명이요 그 외에 기브아 주민 중 택한 700명은 왼손잡이였다. 그들은 물매로 돌을 던지면 정확하게 맞히는 조금도 틀림이 없는 자들이었다.

20:17-19. 베냐민 자손 외에 이스라엘 사람으로서 칼을 쓸 줄 아는 용사의 수가 40만 명이 있었다. 이것은 전국에서 모여들은 수이니 내전의 심각도를 말해 주는 것이다. 이스라엘 자손은 벧엘에 올라가서 하나님께 여쭈었다. "우리 중에 누가 먼저 올라가서 베냐민 자손과 싸우리이까." 하나님께서 말씀하신다. "유다가 먼저 갈지니라." 이스라엘 자손이 아침에 일어나 기브아를 대하여 진을 친다.

20:20-22. 이스라엘 군대와 베냐민 군대의 첫 번째 대전에서 이스라엘 군사 22,000명이 전사했다.

20:23-25. 이스라엘 자손이 올라가 여호와 앞에서 저물도록 울며 하나님께 "내가 다시 나아가서 내 형제 베냐민 자손과 싸우리이까" 하고 기도한다. 하나님께서 그들에게 "올라가서 치라"고 말씀하신다. 그 이튿날 두 번째 대전에서도 이스라엘 군사 18,000명이 전사했다.

20:26-48. 이에 온 이스라엘 자손이 벧엘에 올라가서 울며 하나님께 그 날이 저물도록 금식하고 번제와 화목제를 여호와 앞에 드리고 하나님께 물어 본다. 그 때에는 하나님의 언약궤가 거기 있고 아론의 손자인 엘르아살의 아들 비느하스가 그 앞에 모시고 서 있었다. 이스라엘 자손들은 "우리가 다시 나아가 내 형제 베냐민 자손과 싸우리이까 말리이까"라고 여쭙는다. 하나님께서 "올라가라 내일은 내가 그를 네 손에 넘겨 주리라"고 말씀하신다.

이스라엘은 기브아 주위에 군사를 매복시키고, 셋째 날에 베냐민 자손을 치러 올라가서 전과 같이 기브아에 맞서 전쟁을 하는 척하며 베냐민 자손이 성읍에서 나오도록 전략을 세운다. 베냐민 사람은 한쪽은 벧엘로 올라가는 길이요 한쪽은 기브아의 들로 가는 길에서 이스라엘 백성을 쳐서 전과 같이 이스라엘 사람 30명 가량을 죽인다. 그러나 베냐민 자손은 이 모든 것이 이스라엘 사람이 베냐민 사람을 그들의 성읍에서 꾀어내고자 하는 작전인 줄을 모른다. 이스라엘 사람이 모두 그들의 처소에서 일어나서 바알다말에서 전열을 갖추었고 이스라엘의 복병은 그 장소 곧 기브아 초장에서 쏟아져 나왔다. 온 이스라엘 사람 중에서 택한 사람 10,000명이 기브아에 이르러 치매 당일에 이스라엘 자손이 베냐민 군사 25,000명을 죽였다. 살아 남은 베냐민 사람 600명은 광야로 도망하여 림몬 바위에 이르러 거기에서 넉 달 동안을 지냈다. 이스라엘 사람은 베냐민 사람의 온 성읍과 가축과 만나는 자를 다 칼날로 치고 닥치는 성읍은 모두 다 불살랐다.

━▶ 생활 속으로

☼ 육이오 전쟁에 대하여 알고 있는 것이 있으면 서로 나누어 보자.
☼ 베냐민 지파 사람들은 왜 불량배들을 내어주지 아니하고 그렇게 비참하게 참사를 당하게 되었다고 생각하는가?

사사기 21:1-25
베냐민 자손의 아내

━━▶ 말씀 속으로 ◀━━

21:1-7. 베냐민 사람과의 전쟁이 끝난 후, 이스라엘 사람은 미스바에 모여 두 가지를 맹세한다. 하나는 더 이상 베냐민 사람에게 딸을 아내로 주지 아니하겠다는 맹세이고, 또 다른 하나는 미스바에 가서 이스라엘 총회에 오지 아니하는 자는 모두 죽이겠다고 맹세한 것이다. 이렇게 맹세한 것이 이스라엘에게 또 다른 화근이 된다.

21:8-11. 이스라엘 총회에 오지 아니한 자를 조사하는 과정에서 야베스 길르앗(요단 동쪽 지역에 있는 갓 지파의 성읍)에서는 총회에 참여하기 위하여 보낸 사람이 한 사람도 없었음을 알게 된다. 회중이 군사 12,000명을 그리로 보내며 그들에게 명령하여 이르되 가서 야베스 길르앗 주민과 부녀와 어린 아이를 칼날로 치라고 한다. 너희가 행할 일은 모든 남자를 죽이고 남자와 성관계를 가진 여자들도 죽이라고 하였다. 즉, 성인들을 모두 죽이라는 것이다. 어린 아이와 부녀자를 죽이는 것은 공동체의 관례(rites) 때문이었다. 즉, 오늘날 서양 사회와 같이 개인이 있기에 공동체가 있는 것이라고 생각하는 것이 아니라 공동체가 있기에 개인이 존재한다는 사고방식과 같은 것이다.

21:12-15. 이스라엘 자손들은 야베스 길르앗 주민 중에서 가나안 젊은 처녀 사백 명을 실로 진영으로 데려온다. 온 회중이 림몬 바위에 있는 베냐민 자손에게 사람을 보내어 평화를 공포하게 하였다. 그 때에 베냐민이 돌아온다. 이에 이스라엘 사람이 야베스 길르앗 여자들 중에서 살려 둔 여자들을 그들에게 주었으나 아직도 부족하므로 백성들이 베냐민을 위하여 뉘우쳤으니 이는 여호와께서 이스라엘 지파들 중에 한 지파가 없어지게 된 것에 대하여 한탄하고 있었다.

21:16-25. 회중의 장로들은 베냐민의 여인이 다 멸절되어 이제 그 남은 자들에게 아내를 찾아 줄 길을 의논한다. 그대로 놓아두면 한 지파가 없어지고, 그들에게는 딸을 그들의 아내로 주지 아니하기로 맹세하였으니 정말로 진퇴양난이다. 그래서 첫 번째로 문제를 해결하는 방법이 처녀들을 납치해 오는 것이다. 벧엘 북쪽 르보나 남쪽 벧엘에서 세겜으로 올라가는 큰 길 동쪽 실로에 매년 하나님의 명절을 축제하러 오는 사람들이 있었다. 베냐민 자손에게 명령하여 포도원에 숨어 있다가 실로의 여자들이 춤을 추러 나오거든 포도원에서 나와서 실로의 딸 중에서 각각 하나를 붙들어 가지고 자기의 아내로 삼아 베냐민 땅으로 돌아가라는 것이다. "만일 그의 아버지나 형제가 와서 우리에게 시비하면 우리가 그에게 말하기를 청하건대 너희는 우리에게 은혜를 베풀어 그들을 우리에게 줄지니라 이는 우리가 전쟁할 때에 각 사람을 위하여 그의 아내를 얻어 주지 못하였고 너희가 자의로 그들에게 준 것이 아니니 너희에게 죄가 없을 것임이니라 하겠노라"고 한다. 베냐민 자손이 그같이 행하여 춤추는 여자들 중에서 자기들의 숫자대로 붙들어 아내로 삼아 자기 기업에 돌아가서 성읍들을 건축하고 거기에 거주하였다.

그 때에 이스라엘 자손이 그 곳에서 각기 자기의 지파, 자기의 가족에게로 돌아갔으니 곧 각기 그 곳에서 나와서 자기의 기업으로 돌아갔다. "그 때에 이스라엘에 왕이 없으므로 사람이 각기 자기의 소견에 옳은 대로 행"하였다.

▶생활 속으로

☼ 이조 시대 때부터 육이오 동란까지 동족이 동족을 죽인 가장 큰 사건은 무엇일까?
☼ 성경은 왜 이러한 이야기를 소개하는 것일까?
☼ 사사기가 없으면 우리는 영적 삶에서 무엇을 잃게 될까?
☼ 인간이 최악으로 타락하는 모습은 어떠한 모습인가?

룻기

룻기 1:1-22
돌아오는 나오미

━▶ 주요 메시지

룻기가 사사기 다음에 나오는 이유는 룻기의 시대적 배경 때문이다. 룻기는 사사기와 같은 시기의 이야기이다. 사사기에서 이스라엘의 가정, 사회, 종교, 정치가 200년 이상 극도로 부패되어 있던 모습을 볼 수 있었다면, 룻기에서는 그럼에도 불구하고 하나님의 규례를 지키며 하나님께 순종하고 서로 사랑하는 사람들의 이야기를 읽을 수 있다.

룻기는 전체가 85절에 불과한 짧은 책이지만 가뭄과 빈곤, 그 이상의 이야기이다. 룻기는 가뭄에서 풍성한 보리 추수로, 죽음으로 인해 비었던 삶이 다시 채워지고, 고통과 슬픔이 기쁨으로 변하고, 골육상쟁으로 문제를 해결하기보다는 한 식구가 되어 문제를 해결하여 나가고, 살기 위하여 이방으로 이민을 갔던 한 가정이 약속의 땅으로 다시 돌아오는 이야기이다. 그리고 룻을 통하여 다윗의 혈통이 이어지고 메시야가 탄생하는 구원의 이야기이다.

하나님은 사랑과 구원의 하나님이시고, 일상생활 속에서 인간을 보살펴 주고 섭리하는 하나님이시다. 어떤 때는 악이 선보다 더 강한 것처럼 생각되지만 하나님은 선을 들어 역사하신다. 하나님은 의인을 보상하며, 남을 보살펴 주는 사람을 보상하여 주신다.

룻기는 명절 때마다 특별하게 읽혀지는 다섯 개의 두루마리 (므길롯) 가운데 하나인데, 룻기는 매해 칠칠절에 읽혀진 책이었다.

성경 66권 가운데 여자의 이름이 붙여진 책은 룻과 에스더뿐이다.

━━▶ 말씀 속으로 ◀━━

1:1-5. "사사들이 치리하던 때"는 이스라엘 지파와 지파 간에, 이스라엘과 가나안, 아모리, 모압, 암몬, 블레셋 간에 계속 전쟁을 하던 때이다. 이 때는 이스라엘 백성이 하나님께 계속 불순종하고, 종교와 사회가 최고로 타락되어 있던 시기이다. 그뿐만 아니라 베냐민 족속에는 총각들과 결혼시킬 여자가 없어 야베스 길르앗 거민 중에서 젊은 처녀 400명을 데려와 결혼을 시킬 정도였다. 그러면서 사사기 끝에는 "그 때에 이스라엘에 왕이 없으므로 사람이 각기 자기의 소견에 옳은 대로 행하였더라"고 마치고 있다 (삿 21:25).

룻기는 이러한 사사들이 치리하던 때와는 전혀 다르게 지파에서 가족으로, 전쟁에서 평화스러운 해결책으로, 불복종에서 복종으로 가는 사회로 이야기를 전개한다.

(1) 예루살렘 근처에 있는 "베들레헴"(뜻: 떡 집)에 가뭄이 들었다. (2) 유다 베들레헴 에브랏 사람 "엘리멜렉"(뜻: 나의 하나님은 왕이시다)과 "나오미"(뜻: 기쁘다 혹은 달콤하다)와 "말론"(뜻: 멸망하다)과 "기룐"(뜻: 병약하다)은 가뭄으로 크게 타격을 받았다.

"에브랏"은 베들레헴의 옛 지명 이름이자 베들레헴에 살던 가족의 이름이기도 하다. 에브랏 사람을 언급하는 이유는 후에 엘리멜렉이 다윗의 가문과 간접적으로 관계가 이어짐을 강조하기 위함이다 ("이새는 다윗을 낳았더라," 4:22. "다윗은 유다 베들레헴 에브랏 사람 이새라 하는 자의 아들이었는데," 삼상 17:12).

(3) 엘리멜렉 가족은 살기 위하여 모압으로 이민을 갔다. 모압은 베들레헴에서 동남쪽으로 50마일쯤 떨어진 곳이었다. 모압은 사해 동쪽에 있는데, 롯과 그의 큰딸 사이에서 낳은 모압의 후손들이다 (창 19:37). 그리고 롯과 그의 작은딸 사이에 낳은 암몬은 암몬 족속의 조상이 된다 (창 19:38). 이 두 족속과 이스라엘 백성은 초창기부터 알력이

있었다. 이스라엘 사람들이 가나안에 정착하기 시작했을 때에도 모압과의 적대감정이 계속되었다 (수 3장).

(5) 엘리멜렉 가족이 모압 땅에 거주한 지 10년쯤 되었을 때, 엘리멜렉과 그의 두 아들 말론과 기룐이 모압 땅에서 죽는다. 두 아들은 모압 여자와 결혼을 했었는데 첫째 아들의 부인 이름은 오르바(뜻: 샘물)이고, 둘째 아들의 부인 이름은 룻(뜻: 동반자)이다.

1:6-18. 풍족함을 누리기 위하여 모압 땅으로 이민을 갔던 나오미는 남편과 두 아들을 그 곳에서 잃고 빈 몸으로 그녀의 고향 유다 베들레헴으로 돌아가기로 결심한다. 나오미는 두 며느리 오르바와 룻에게 "너희가 죽은 자들과 나를 선대한 것 같이 여호와께서 너희를 선대하시기를 원"한다고 축복하여 주며 떠나라고 말해 준다. "선대"는 하나님의 무조건적인 은혜와 자비와 영원한 사랑을 묘사할 때 사용하는 단어이다.

첫째 며느리 오르바는 시어머니가 말한 대로 돌아간다. 그러나 둘째 며느리 룻은 "어머니께서 가시는 곳에 나도 가고 어머니께서 머무시는 곳에서 나도 머물겠나이다 어머니의 백성이 나의 백성이 되고 어머니의 하나님이 나의 하나님이 되시리니 어머니께서 죽으시는 곳에서 나도 죽어 거기 묻힐 것이라 만일 내가 죽는 일 외에 어머니를 떠나면 여호와께서 내게 벌을 내리시고 더 내리시기를 원하나이다"(1:16-17)라고 말하면서 시어머니 나오미를 따라나선다.

1:19-22. 나오미와 룻은 모압 땅에서 50마일 떨어져 있는 나오미의 고향 베들레헴에 돌아온다. 그들을 본 온 베들레헴은 떠들썩하다. 나오미는 동네 사람들이 "나오미"라고 부르니 "마라"(뜻: 쓰다)라고 부르라고 말한다. 나오미는 모든 것을 잃고 가진 것이 아무 것도 없다고 생각한다.

룻과 나오미는 보리를 추수할 때 베들레헴에 왔다. 룻을 통하여 사랑의 열매를 추수할 때라고 예보하는 것이 아닐까!

룻기 2:1-23
룻이 보아스를 만나다

➡ **말씀 속으로** ⬅

2장에는 나오미, 룻, 보아스, 이렇게 세 주인공이 등장한다. 나오미와 룻은 어떻게 생존할 것인가? 그들은 베들레헴에 정착할 수 있는 소망이 보이는 사람들인가? 그들은 공동체 일원이 될 수 있을까?

2:1-3. 남편도 잃고, 두 아들도 잃고, 먹을 것도 없는 나오미와 룻은 보아스를 만난다. "보아스"는 사회로부터 "존경받는 사람" 혹은 "유력한 자"이다. 그는 부유한 사람이다. 그는 엘리멜렉의 친족이다. "친족"으로 번역된 히브리 단어 "고엘"은 구세주라는 단어로 자주 쓰인다. 그러한 의미에서 친족은 자동적으로 보아스가 나오미와 룻의 운명을 바꾸어 놓을 수 있는 존재인지 아닌지를 생각하게 만든다.

이스라엘에는 가난한 사람들이 땅에 떨어진 이삭을 주워서 생명을 유지할 수 있도록 농부들이 밭에 떨어뜨린 이삭을 그대로 놓아두도록 하는 규례가 있었다 (레 19:9-10). 그러나 주인의 허락이 있어야 했다. 이 풍습 때문에 가난한 사람들과 고아와 과부가 생명을 유지할 수 있었다.

룻은 나오미에게 누가 밭에 가서 이삭을 줍는 사람이 있으면 그를 따라가서 벼 이삭을 줍겠다고 말한다. 먹을 것이 필요한 룻도 이삭을 주우러 밭에 나갔는데, 그 밭은 우연히 엘리멜렉의 친척 보아스의 것이었고, 거기서 룻은 보아스를 만난다. 삶의 필요를 느끼는 순간에 그 필요를 충족시켜 주는 사람을 만나는 격이다.

2:4-17. 보아스는 그의 사환으로부터 룻에 대하여 들은 후, 룻에게 이삭을 주우러 다른 밭으로 가지 말고 나의 소녀들과 함께 이삭을 주으라고 말해 준다. 그리고 이삭을 베는 소년들에게 명령하여 "너를 건드리지 말라" 하겠다고 말해 준다. 목이 마르거든 그릇에 가서 소년들이 일꾼들을

위하여 길어 온 물을 마시라고 한다. 앞을 예측할 수 없는 이국 땅에서 존경받고 부유한 사람의 보호를 받는다는 것은 상상도 할 수 없는 일이라 룻이 엎드려 얼굴을 땅에 대고 절하며 보아스에게 말한다. "나는 이방 여인이거늘 당신이 어찌하여 내게 은혜를 베푸시며 나를 돌보시나이까"라고 말한다. 보아스는 룻에게 "네 남편이 죽은 후로 네가 시어미니에게 행한 모든 것과 네 부모와 고국을 떠나 전에 알지 못하던 백성에게로 온 일이 내게 분명히 알려졌느니라"고 말해 준다.

보아스는 룻에게 "여호와께서 네게 행한 일에 보답하시기를 원하며 이스라엘의 하나님 여호와께서 그의 날개 아래에 보호를 받으러 온 네게 온전한 상 주시기를 원하노라"고 축복하여 준다. 룻은 "내 주여 내가 당신께 은혜 입기를 원하나이다 나는 당신의 하녀 중의 하나와도 같지 못하오나 당신이 이 하녀를 위로하시고 마음을 기쁘게 하는 말씀을 하셨나이다"라고 보아스에게 말한다.

2:14-17. 식사할 때에 보아스는 룻에게 "이리로 와서 떡을 먹으"라고 말한다. 룻은 곡식 베는 일꾼들과 함께 음식을 배불리 먹고도 남았다. 룻이 이삭을 주우러 일어날 때에 보아스가 자기 일꾼 소년들에게 명령한다. 룻에게 곡식 단 사이에서 이삭을 줍게 하고 책망하지 말라고 한다. 또 룻을 위하여 곡식 다발에서 조금씩 뽑아 버려서 그에게 줍게 하고 꾸짖지 말라 한다. 룻이 밭에서 저녁까지 줍고 그 주운 것을 떠니 보리가 한 에바쯤 된다. 그 당시 일꾼이 밭에서 하루종일 일을 하면 두 파운드의 곡식을 받았다. 한 에바는 20-30파운드 되는 분량이다. 그리고 20-30파운드의 분량은 두 사람이 적어도 일주일은 먹을 수 있는 양이다.

2:18-23. 룻은 한 에바 되는 이삭을 가지고 성읍에 들어가서 시어머니에게 그 주운 것을 보이고 그가 배불리 먹

고 남긴 것을 시어머니에게 드린다. 시어머니는 룻에게 "오늘 어디서 주웠느냐 어디서 일을 하였느냐 너를 돌본 자에게 복이 있기를 원하노라" 한다. 그 때 룻은 누구에게서 일했는지를 시어머니에게 말하여 주고, 오늘 일하게 한 사람의 이름은 "보아스"라고 말하여 준다.

나오미는 자기 며느리에게 "그가 여호와로부터 복 받기를 원하노라 그가 살아 있는 자와 죽은 자에게 은혜 베풀기를 그치지 아니하도다"라고 말한다. 나오미는 또 룻에게 "그 사람은 우리와 가까우니 우리 기업을 무를 자 중의 하나이니라"고 말한다. 다시 말해, 그는 친척으로서 우리를 맡아 보호해 줄 사람이라는 뜻이다 (레 25:25).

룻은 나오미에게 "그가 내게 또 이르기를 내 추수를 다 마치기까지 너는 내 소년들에게 가까이 있으라 하더이다"라고 나오미에게 말해 준다. 보아스는 룻과 나오미를 먹여 살려야 할 아무 책임이 없는 사람이다. 그래서 나오미는 며느리 룻에게 "내 딸아 너는 그의 소녀들과 함께 나가고 다른 밭에서 사람을 만나지 아니하는 것이 좋으니라"고 말하여 준다. 나오미는 그녀의 공허한 삶에서 한 가락의 희망의 햇살을 보는 듯하다.

이에 룻이 보아스의 소녀들에게 가까이 있어서 보리 추수와 밀 추수를 마치기까지 이삭을 주우며 그의 시어머니와 함께 거주한다.

▬▶ 생활 속으로

☼ 고향을 떠났다가 시간이 흘러간 후 다시 방문했을 때 서먹서먹한 느낌을 가져 보았는가? 어떤 느낌이었는가?
☼ 나는 어떻게 자녀들이 선한 뜻을 가지고 이웃을 도우며 살아갈 수 있도록 그들에게 가치관을 심어주고 있는가?
☼ 미국에서 오랫동안 살던 사람이 한국에 가서 살고 싶어 이주할 때의 느낌은 어떠하리라고 생각하는가?

룻기 3:1-18
룻이 보아스와 가까워지다

━━▶ 말씀 속으로◀━━

3:1-5. 3장의 장면은 추수가 다 끝난 후의 이야기이다. 룻은 나오미와 자기가 몇 달 동안 먹을 수 있는 분량의 음식을 장만해 두었다. 그러나 룻의 시어머니 나오미는 룻을 오랫동안 안전하게 보호할 수 있는 길을 모색한다. 즉, 룻에게 남편 될 사람을 하나 구해 주겠다는 뜻이다. 나오미는 보아스가 룻을 위한 적절한 사람이라고 생각한다. 나오미의 현명함과 룻의 용기와 보아스의 친절한 보호가 세 사람 다 혜택을 받을 수 있는 영구한 해결책을 찾게 해준다.

나오미는 룻에게 말한다. "내 딸아 내가 너를 위하여 안식할 곳을 구하여 너를 복되게 하여야 하지 않겠느냐 네가 함께 하던 하녀들을 둔 보아스는 우리의 친족이 아니냐 보라 그가 오늘 밤에 타작 마당에서 보리를 까불리라 그런즉 너는 목욕하고 기름을 바르고 의복을 입고 타작 마당에 내려가서 그 사람이 먹고 마시기를 다 하기까지는 그에게 보이지 말고 그가 누울 때에 너는 그가 눕는 곳을 알았다가 들어가서 그의 발치 이불을 들고 거기 누우라 그가 네 할 일을 네게 알게 하리라"고 말해 준다. "눕는 곳을 알았다가," "이불을 들고," "그가 네 할 일을 네게 알게 하라"는 모두 성관계를 간접적으로 말하는 것이다. 룻이 시어머니에게 이르되 "어머니의 말씀대로 내가 다 행하리이다"라고 말한다.

3:6-15. 룻은 타작 마당으로 내려가서 시어머니가 말해 준 대로 한다. 보아스가 먹고 마시고 마음이 즐거워 가서 곡식 단 더미의 끝에 눕는다. 룻이 가만히 가서 그의 발치 이불을 들고 거기 눕는다. 밤중에 보아스가 놀라 몸을 돌이켜 본즉 한 여인이 자기 발치에 누워 있는 것을 보게 된다. 보아스는 "네가 누구냐"고 묻는다. 룻은 "나는 당신의

여종 룻이오니 당신의 옷자락을 펴 당신의 여종을 덮으소서 이는 당신이 기업을 무를 자가 됨이니이다"라고 대답한다. "당신의 옷자락을 펴 당신의 여종을 덮으소서"는 결혼을 청하는 표현이다. 보아스는 주저하지 아니하는 듯하다. 그가 말한다. "내 딸아 여호와께서 네게 복 주시기를 원하노라 네가 가난하건 부하건 젊은 자를 따르지 아니하였으니 네가 베푼 인애가 처음보다 나중이 더하도다."

"네가 베푼 인애"는 히브리어로 "헤세드"라고 한다 (1:8; 2:20). 인애는 해야 할 임무 이상으로 하는 충성심을 뜻한다. 여기서 언급하는 첫 번째 인애는 며느리가 시어머니를 보호하는 행위요, 두 번째 인애는 보아스에게 청혼하는 것이다. 젊은 룻이 젊은 남자를 따르지 않고 나이가 든 보아스에게 청혼을 하니 더 좋다는 것이다.

이제 "내 딸아 두려워하지 말라 내가 네 말대로 네게 다 행하리라." 네가 현숙한 여자인 줄을 나의 성읍 백성이 다 알고 있으니 내가 네 (룻) 청혼을 받아들일 수 있다는 것이다. 그러나 내가 맘대로 할 수 없는 것이 하나 있다고 보아스는 말한다. "나는 기업을 무를 자이나 기업 무를 자로서 나보다 더 가까운 사람이 있"다고 말한다. "기업을 무를 자"는 친척 중에서 재산을 관리해 주는 한 사람을 뜻한다.

그러면서 보아스는 룻에게 이 밤에 여기서 지내고 날이 밝으면 보자고 말한다. 아침에 기업 무를 자로서 나보다 더 가까운 사람이 그의 책임을 네게 이행하겠다면 좋은 일이요, 그러나 "만일 그가 기업 무를 자의 책임을 네게 이행하기를 기뻐하지 아니하면 여호와께서 살아 계심을 두고 맹세하노니 내가 기업 무를 자의 책임을 네게 이행하리라"고 룻에게 말해 준다. 여기까지 이야기가 진행되는 것으로 보아 그 밤의 일은 독자들의 상상에 맡기는 것 같다.

룻은 새벽까지 그의 발치에 누웠다가 사람이 서로 알아보기 어려울 때에 일어났다. 이는 보아스가 여인이 타작 마당에 들어온 것을 사람이 알지 못하여야 할 것이라 말하였기 때문이다. 보아스는 "네 겉옷을 가져다가 그것을 펴서 잡으라 하매 그것을 펴서 잡으니 보리를 여섯 번 되어 룻에게 지워 주고 성읍으로" 들어갔다. 보리를 여섯 번 되어 룻에게 준 분량은 많은 양의 보리이다. 그래서 성경을 해석하는 사람들은 이것에 대한 다양한 이론들을 전개한다. 여섯 남자 아이를 낳을 것이라고 말하는 사람도 있고, 룻을 조용하게 잡아두려는 목적에서 그렇게 했다고 말하는 사람도 있고, 자기의 명예에 훼손 없게 하려고 그렇게 보리를 주었다는 이론도 있다. 그러나 아마도 이것은 4:12에 룻이 임신하게 되는 것을 암시해 주는 것일 것이다.

3:16-18. 나오미는 룻에게 "내 딸아 어떻게 되었느냐" 하고 묻는다. 룻은 보아스가 자기에게 행한 것을 다 말하여 준다. "그가 내게 이 보리를 여섯 번 되어 주며 이르기를 빈 손으로 네 시어머니에게 가지 말라 하더이다"라고 말해 준다. 이에 시어머니가 "내 딸아 이 사건이 어떻게 될지 알기까지 앉아 있으라 그 사람이 오늘 이 일을 성취하기 전에는 쉬지 아니하리라" 한다.

이제 나오미의 빈 마음은 보아스의 친절한 마음으로 채워지게 되었다.

━━▶생활 속으로

☼ 남을 섬긴다고 하는 것은 쉽게 이루어지는 일이 아니다. 그러나 남을 섬기는 일은 기쁜 일이기도 하다. 섬김의 기쁨을 체험하여 보았는가? 어떠한 기쁨이었는가?

☼ 룻은 보아스를 맞이하기 위하여 목욕하고, 기름을 바르고, 의복을 갈아 입었다. 나는 그리스도를 맞이하기 위하여 어떠한 준비를 하고 있는가?

☼ 하나님은 그가 나와 함께하고 계시다는 사실을 어떻게 나에게 확신시켜 주고 계실까?

룻기 4:1-22
룻이 보아스와 결혼하다

➡️ 말씀 속으로 ⬅️

4장 전체는 빈곤으로부터 풍족함으로, 죽음의 슬픔으로부터 기쁨으로, 불평으로부터 결혼 축하로, 아이가 없는 상태에서 아이를 낳는 탄생 이야기로 옮겨간다. 그리고 깨어진 가정이 다시 가정을 이루게 되고, 소외되어 있던 사람이 다시 공동체 안으로 들어오고, 전체 분위기가 축복과 기쁨의 분위기가 된다.

4:1-6. 보아스는 룻의 청혼을 받아들이고 기업 무를 자의 책임을 이행하기 위하여 성문으로 올라가서 거기 앉아 있었다. 사사시대의 성문은 다양한 역할을 했다. 성문은 성읍을 지키는 사람들이 보초를 서는 곳이요, 법정이요, 재물을 서로 거래하던 시장이었다. 보아스는 룻과 결혼하기 위하여 자기보다 나오미 가족과 더 가까운 친척의 법적인 문제를 하나 처리해야 했다. 기업 무를 자란 대대로 물리어 내려오는 재산을 친족이 책임을 지고 수행하는 것을 뜻한다.

2장에서와 같이 "마침" 기업 무를 자가 지나간다. 이 표현에는 하나님께서 섭리하시고 계심을 강하게 표현하고 있는 듯하다. 하나님께서 섭리하시기에 보아스에게 좋은 일이 일어나리라는 기대감을 안겨준다.

"아무개여 이리로 와서 앉으라"고 보아스가 말하니 나오미 친척이 와서 앉는다. 보아스는 "그 성읍 장로 열 명을 청하여 이르되 당신들은 여기 앉으라" 한다. 그들이 앉으매 보아스가 그 기업 무를 자에게 이르되 "모압 지방에서 돌아온 나오미가 우리 형제 엘리멜렉의 소유지를 팔려 하므로 내가 여기 앉은 이들과 내 백성의 장로들 앞에서 그것을 사라고 네게 말하여 알게 하려 하였노라 만일 네가 무르려면 무르려니와 만일 네가 무르지 아니하려거든 내게 고하여 알게 하라 네 다음은 나요 그 외에는 무를 자가 없느니라"고 한다. 그는 "내가 무르리라" 말한다.

그 때 보아스가 말한다. "네가 나오미의 손에서 그 밭을 사는 날에 곧 죽은 자의 아내 모압 여인 룻에게서 사서 그 죽은 자의 기업을 그의 이름으로 세워야 할지니라"고 말한다. 즉, 기업을 무르면 모압 여자 룻도 책임져야 한다는 것이다. 그 기업 무를 자는 밭을 사들일 용의는 있지만 밭을 소유하는 즉시 모압 여자를 책임져야 하는 일을 못하겠다고 보아스에에게 말한다. 보아스는 장로들과 백성을 증인으로 삼고 나오미와 룻에게 기업 무를 자의 책임을 다하겠다고 선언한다.

4:7-12. 옛적 이스라엘에는 모든 것을 무르거나 교환하는 일을 확정하기 위하여 사람이 그의 신을 벗어 그의 이웃에게 주는 전례가 있었다. 이에 그 기업 무를 자가 보아스에게 "네가 너를 위하여 사라" 말하고 그의 신을 벗는다. 이것은 기업 무를 자의 권한이 보아스에게 주어졌다는 뜻이다.

보아스는 "장로들과 모든 백성에게 이르되 내가 엘리멜렉과 기룐과 말론에게 있던 모든 것을 나오미의 손에서 산 일에 너희가 오늘 증인이 되었고"라고 한다. "또 말론의 아내 모압 여인 룻을 사서 나의 아내로 맞이하고 그 죽은 자의 기업을 그의 이름으로 세워 그의 이름이 그의 형제 중과 그 곳 성문에서 끊어지지 아니하게 함에 너희가 오늘 증인이 되었느니라 하니 성문에 있는 모든 백성과 장로들이 이르되 우리가 증인이 되나니 여호와께서 네 집에 들어가는 여인으로 이스라엘의 집을 세운 라헬과 레아 두 사람과 같게 하시고 네가 에브랏에서 유력하고 베들레헴에서 유명하게 하시기를" 원한다고 축복하여 준다. 야곱의 부인들 "라헬과 레아"는 이스라엘의 집을 세운 여인들이다. 이 용어는 성전을 세울 때 사용하는 용어이기 때문에 점차적으로 다윗의 가문을 통하여 성전이 세워질 것을 시사하고 있는 것이다. 그리고 "여호와께서 이 젊은 여자로 말미암아 네게 상속자를 주사 네 집이 다말이 유다에게 낳아준 베레스의 집과 같게 하시기를 원하노라"고 축복하여 준다. "베레스"는 다말이 자기 시아버지를 속이고 자기와 성관계를 가지도록 해서 얻은 쌍둥이 중 하나이다 (창 38:1-30). 베레스의 집과 같게 되기를 바란다는 축복은 보아스가 룻을 맞이하여 자식을 많이 낳아 다복해지기를 바란다는 것이다.

4:13-22. 룻과 보아스가 결혼하여 "여호와께서 그에게 임신하게 하시므로" 아들을 낳아 오벳이라 하고, 오벳은 이새를 낳고, 이새는 다윗을 낳는다.

헤스론은 유다의 손자이자 베레스의 장자이다.
람은 헤스론의 차자이다 (대상 2:9).
암미나답은 람의 아들인데 아마도 대제사장 아론의 장인이었기 때문에 소개되는 것 같다 (출 6:23).
나손은 광야 장막에서 제일 처음 예물을 바친 사람이다.
살몬은 기생 라합의 남편이며 보아스를 낳았다 (마 1:5).
오벳(뜻: 섬기는 자)은 이새의 아버지이다.
이새는 룻과 보아스의 손자이며 다윗의 아버지이다 (삼상 16:18-19). 그는 베들레헴에 거주했으며 여덟 명의 아들과 두 딸이 있었다 (삼상 16:1-11).
다윗 왕은 이스라엘의 역사상 가장 잘 알려진 왕이다. 다윗의 가문을 통해 메시야가 탄생할 것으로 예언되어 왔다.

━▶ 생활 속으로

☼ 룻기를 읽고 은혜 받은 이야기를 서로 나누어 보자.
☼ 보아스와 룻의 가문을 통해 다윗이 태어나게 되었고 예수님이 태어나게 되었다. 유대인들은 나라의 영광을 바라고 우리는 가문의 영광을 바란다. 그 차이는 무엇일까?

▶저자 소개◀

말씀과 생활 강해 성경공부 시리즈 가운데 **여호수아, 사사기, 룻기**를 집필한 **원달준** 목사는 서울 감리교신학대학교, 연세대학교 연합신학대학원, 오하이오 감리교신학교, 드류대학교 대학원에서 성서신학을 전공하였다.

저자는 미연합감리교회 동부오하이오연회에서 목사 안수를 받은 후 40년 동안 사역하였으며, 평신도들에게 50년 이상 성경을 가르친 경험이 있다. 그는 25년 동안 테네시 주 내쉬빌에 있는 미연합감리교회출판부에서 교단을 위하여 출판 사역을 하다가 2009년에 은퇴하였다.